红色记忆® 45

中国抗日战争中的国际友人

海南省文化交流促进会　编著

南海出版公司
2015·海口

图书在版编目（CIP）数据

红色记忆 . 45，中国抗日战争中的国际友人 / 海南省文化交流促进会编著 . -- 海口：南海出版公司，2015.10（2025.1 重印）
ISBN 978-7-5442-8150-8

Ⅰ . ①红… Ⅱ . ①海… Ⅲ . ①革命传统教育—中国－青少年读物 Ⅳ . ① D642-49

中国版本图书馆 CIP 数据核字（2015）第 256442 号

HONGSE JIYI · 45
ZHONGGUO KANGRI ZHANZHENG ZHONG DE GUOJI YOUREN
红色记忆 · 45——中国抗日战争中的国际友人

作　　者　海南省文化交流促进会
总 策 划　刘　栋
顾　　问　贾延岩
执行总编　任在齐
责任编辑　聂　敏
封面设计　郑广明
排版印务　陈书敏
发行总监　杨成春
出版发行　南海出版公司　电话：（0898）66568505
社　　址　海南省海口市海秀中路 51 号星华大厦五楼　邮编：570206
电子信箱　nhpublishing@163.com
经　　销　新华书店
印　　刷　天津睿意佳彩印刷有限公司
开　　本　787 毫米 ×1092 毫米　1/16
印　　张　7
字　　数　73 千字
版　　次　2015 年 10 月第 1 版　2025 年 1 月第 2 次印刷
书　　号　ISBN 978-7-5442-8150-8
定　　价　39.80 元

序

对历史无知的人，没有真正的信仰可言；没有信仰的人，不可能拥有美好的理想，不可能胸怀崇高的情感，也就不可能担负起任何责任。用欲望文化代替历史教育，足以使一个国家的青年被腐蚀、使一个民族的希望被毁掉，使这个国家和民族被永世万代地奴役！

鉴于此，我们呼唤历史，唤回那段属于二十世纪的“红色”历史，唤回那段炮火硝烟、颠沛流离的历史，唤回那冲天的狼烟留下的悲壮回忆、岁月年轮沉淀的斑驳痕迹。历史不应该被忽略，更不应该被遗忘，牢记那段革命战争年代的红色历史更是责任。为了那些不应该被忘却的记忆，为了那些不应该被丢弃的信念，于是就有了这套《红色记忆》丛书。

曾记否，当草鞋与意志丈量出来的两万五千里穿越一个伟大民族五千年的荣辱兴衰，革命的火种被一路播撒、一路点燃。人迹罕至的雪山、荒无人烟的草地被鲜血浸透，衬映出一段光辉的里程；万水千山早已被远远地抛在身后，一轮红日在黄土高原磅礴而起。满目疮痍的河山在1936年10月温暖如春……

曾记否，当生命和鲜血浸染的十几年光阴将一种记忆铭刻进一个伟大民族的历史画卷，革命的火焰从星火到燎原。这栏杆拍遍、易水悲歌般的呼号，这折戟沉沙、慷慨赴义的悲壮，这铁马冰河、枕戈待旦的苦战，这红旗漫卷、所向披靡的豪迈……腔腔热血、铮铮铁骨早已被熔铸成一座不朽的丰碑，中华民族从苦难中百死后生的壮丽诗史凝结成了五星闪耀的红色记忆。

曾记否，中华人民共和国成立以来，又有无数英烈接过前辈用鲜血染红的旗帜，或壮怀激烈戍边卫国，或忠于职守鞠躬尽瘁，或绝甘分少奉献大爱，甘做国家强盛、人民富裕的铺路石，成为和平年代民族复兴的荣光，把人民心中的红色记忆浸染得分外鲜艳，永不褪色。

这红色记忆，是信念不衰、志向不改的崇高气节；这红色记忆，是无私无我、生属苍生的博大胸怀；这红色记忆，是敢为人先、披荆斩棘的拓荒精神；这红色记忆，是中华民族最宝贵的精神财富。它告诫我们，人事有代谢，传承无绝期。缅怀先烈精神，继承先烈遗志，是社会的道德和民族的良心，是后来者须臾不可忘怀的本分。

老一代人把历史的真实交付给我们，我们有责任用真实还原历史，传承给下一代，把那段岁月与现在年轻人的生活连接到一起，使他们眼中的历史变得立体、真实、可靠，让历史成为他们前进的动力。本丛书将那些流动的、随时会飘散在时间天际的事件凝固下来，希望透过这些文字、图片，感受到英雄们那坚定的革命信念，感受到那个年代澎湃的革命激情，真切体会那段“红色历史”。

忘记历史，就意味着背叛。让我们重温历史，缅怀先烈，从中汲取力量，毅然前行。

刘栋

目录

CONTENT

目录

CONTENT

国际友人与中国抗战

文／张胜男

我们的敌人是世界性的敌人，中国的抗战是世界性的抗战。中国遭受日本法西斯的疯狂侵略，中国人民艰苦卓绝的正义斗争得到了世界上爱好和平、主持正义的国家和人民的深切同情和真诚帮助。来自五大洲的国际友人与中国人民患难与共，从多方面给中国以实际的援助，如参与军事指挥、置身实际战斗、开展医疗活动等。

援华抗战不怕牺牲作出积极贡献

国民政府航空委员会顾问、中国空军参谋长陈纳德将军参与指挥了八一三淞沪会战、保卫南京和武汉的空战。西点军校出身、年近六旬的“中国通”约瑟夫·史迪威将军出任盟军中国战区统帅部参谋长兼任中缅印战区美军司令。在极其艰苦的缅印战场，他亲自带领中、美、英、缅将士在丛林、山区中跋涉，成功指挥了中国远征军和美军的对日作战，打通了国际援华运输的中印公路，开辟了“驼峰航线”。史迪威将军以“我的动机是为了中国的利益”为出发点，建议蒋介石改革军事制度，将援华物资的一部分给中国共产党领导的八路军和新四军，建议美国政府与中国共产党建立合作关系。史迪威富有远见的建议和努力在一定程度上影响了美国的对华政策，对中国抗战发挥了积极作用。

苏联空军志愿队部分援华顾问

美国空军志愿队和苏联空军志愿队配合中国空军作战，帮助训练中国空军飞行员。1937 年秋至 1941 年初，苏联空军志愿队前后有两千多名指挥员、战斗人员、技术人员到达中国，出动飞机千余架次，配合中国空军进行了武汉会战、长沙会战等著名战役。苏联志愿飞行员大队队长库里申科、战斗机大队队长拉赫曼洛夫等两百多名苏联志愿军勇士在空战中英勇牺牲。美国空军志愿大队飞越危险的“驼峰”，运输物资七十多万吨，损失飞机四百多架，志愿队第一中队长罗伯特·山德尔、第二中队长杰克·纽寇克、志愿队员约翰·斐塔区、美驻华空军队弗兰克·谢尔等英勇的“飞虎队”队员牺牲在异国他乡。外国革命者与中国人民并肩作战，包括中华人民共和国成立后被授予中国人民解放军少将军衔的越南革命者洪水（原名武元博），越南共产党主席胡志明，朝鲜人民抗日英雄武亭、金昌华，日本共产党领导人冈野进等许多革命者。

史沫特莱、斯诺、贝特兰、史迪威、陈纳德等国际友人积极征召医务人员，于1938年夏秋之际，在中国各战场已有三四十支医疗小分队。1938年三四月间，加拿大共产党员、著名胸外科专家亨利·诺尔曼·白求恩和医疗队护士琼·尤恩到达延安，坚决到离火线最近的地方医治伤员，建立敌后抗日医疗机构；最早进入陕甘宁根据地的美籍黎巴嫩人、医学博士马海德（原名乔治·海德姆）任中央军委卫生部顾问；马海德的朋友、1939年9月到达延安的德国医学博士汉斯·米勒指挥医疗队救护伤员，进行新闻报道，并参加了百团大战；由队长爱德华、副队长卓克华以及队员柯棣华、巴苏华、木克华等五人组成的印度援华医疗队于1939年2月到达延安，坚决要到敌后根据地与八路军一起战斗；1939年，犹太人奥地利籍医学博士罗生特（原名雅各布·罗森菲尔德）来到中国，被誉为新四军中“活着的白求恩”；1942年，苏联医生安德烈·阿洛夫到达延安，被评为陕甘宁边区模范医务工作者；此外，还有奥地利共产党员傅莱医生、朝鲜方禹镛医生、国际红十字医疗队等许多国际友人，救助了千千万万抗日军民。

客观公正报道中国抗战的实情

抗日战争时来华的外国新闻记者有五十人以上，其中著名的有美国记者埃德加·斯诺和夫人海伦·斯诺、安娜·路易斯·斯特朗、艾格尼斯·史沫特莱、伊斯雷尔·爱泼斯坦、哈里森·福尔曼、白修德（原名西奥多·怀特），英国记者詹姆斯·贝特兰、冈瑟·斯坦因，德国记者汉斯·希伯等。特别是1936年抗战爆发前，斯诺来到革命圣地延安，从此以后，许多国际友人纷纷到达延安和敌后根据地访问，掀起了介绍边区情况的热潮。1937年9月，詹姆斯·贝特兰访问延安，就中国共产党抗战期间的方针政策及战略战术等问题采访了毛泽东；1939年9月，埃德加·斯诺重访陕北；著名记者作家、德国共产党人汉斯·希伯到苏北和山东敌后访

1944年，毛泽东（后排右一）在延安接见了爱泼斯坦（前排右二）和其他外国记者

问，在战场上壮烈牺牲；1944年夏，访问延安和敌后抗日根据地的第一个团体——中外记者西北参观团，冲破封锁访问延安，被誉为“全世界人民的眼睛”。

到根据地的另一个团体是1944年7月至1945年4月中缅印战区美军司令部派驻延安的美军观察组（“迪克西使团”），他们的到来开始了中国共产党与美国政府的正式接触。观察组成员将在延安及根据地的考察与感受写成大量的军事、政治报告，上报中缅印战区美军司令部和美国国务院，认为共产党真心抗日，得到广大民众的真正支持，领导着一支年轻的战斗力强、素质良好、士气旺盛的人民武装，确信中国共产党将把握未来中国的命运。因而建议中缅印战区司令部立即向中国共产党军队提供援助，建议美国政府全面支持国共两党，推动中国政治潮流向联合政府的方向发展。观察组成员们的积极努力，对当时美国驻华军方和罗斯福总统都产生重要影响。

到延安和根据地访问的作家、记者、观察员们撰写了许多介绍中国共产党及敌后根据地的文章和书籍，向全世界热情报道了中国共产党及其所领导的事业。1937年10月，斯诺的成名作《红星照耀中国》在伦敦出版，几个星期内销售达十万册以上。这让国际社会初次看到了红色的中国，开始对红色中国予以关注。此外，斯诺夫人海伦·斯诺所著的《红色中国内幕》(《续西行漫记》)、《延安采访录》，美国记者哈里森·福尔曼所著的《红色中国报道》(《北行漫记》)，伊斯雷尔·爱泼斯坦的《中国未完成的革命》、史沫特莱的《伟大的道路》等著作，都真实记录了中国各战场的考察情况，为中国的抗日事业积极争取国际援助，揭露日本法西斯的残暴罪行，尤其称颂中国共产党及其领导的根据地，确信这支日益壮大的力量，能够打败日本，并治理好这个国家。

积极从事战时中国各项建设事业

国际友人积极从事战时中国各项建设事业，体现在如下几方面：

其一，积极从事工合运动。新西兰友人路易·艾黎与斯诺等六人发起工合运动，1938 年 8 月，在武汉成立中国工业合作社协会（工合总会），发展中国内地工业以支持长期抗战，帮助后方难民就业。在全国创办了三千多个工厂，其中“延安工合事务所”为陕甘宁边区军用和民用工业作出贡献。中外银行家、商业巨子、慈善家纷纷参加工合董事会，斯诺夫妇为此捐出全部积蓄，以中国人的身份协助中国打一场反法西斯战争。

其二，外国科技专家支援边区建设。英国物理学家威廉·班德夫妇是第一批到抗日根据地的科学家，从晋察冀到陕甘宁，为八路军培养无线电技术人才。1944 年 5 月，燕京大学英籍教授林迈可（原名迈克·林赛）到达延安，在延安建立了第一座国际电台，发射无线电信号到达旧金山和南印度洋；还被聘为八路军通讯部技术顾问和新华社英文部顾问，为中国共产党与外界联系做出重要贡献。

其三，以多种方式援助中国。剑桥大学生物学家、胚胎学家、著名科学技术史家李约瑟博士，行程五千里，给困难中的中国科学界以实际、真诚的帮助，赴玉门油矿等地讲学，向中国大学及图书馆赠送科学书籍七千余册，资助六十余名学生赴英国留学。

其四，从事根据地文化建设。1937 年 10 月，朝鲜作曲家郑律成到延安，1939 年夏与词作者公木合作创作了《八路军大合唱》。这首歌中的《八路军进行曲》在解放战争时期改名为《中国人民解放军进行曲》，1988 年定为中国人民解放军军歌。这首威武雄壮的乐曲，从抗日战争一直唱到共和国的今天，鼓舞着千百万英雄儿女。此外，郑律成还为《延安颂》《延水谣》作曲。世界著名摄影家伊文思赠给延安一部摄像机，就是这部摄像机拍摄了当年中国共产党在延安的生活片段，毛泽东、周恩来、朱德等领导人的活动及中国共产党的“七大”盛会。

（本文选自光明网）

海伦·斯诺：真正到达并记录了延安的人

文／侯健美

几乎无人不知，有个著名的美国记者——埃德加·斯诺写了一本有名的书——《西行漫记》。但很少有人知道，在写这本书的过程中，埃德加·斯诺其实从未到过延安。他到的是保安（今志丹县），距离延安尚有几小时的车程。

真正到达并记录了延安的人，是埃德加的妻子海伦。研究者认为，《西行漫记》应算埃德加和海伦两人合作、两次西行的产物。

1937 年，在中华民族危急存亡的关头，年轻的海伦孤身西行到达延安，记录了窑洞内外的人和事，也记录下历史转折关头的中国共产党和中国工农红军。

海伦·斯诺

“不要你的帽子，我自己找毛泽东要”

1937 年 4 月 21 日，北平火车站徐徐开出一趟去往西安的列车。一个年轻的美国女性坐在列车头等车厢里，随身携带着一个硕大的柳条箱。箱子里，装着野外宿营必备的帆布床和睡袋。

这位美丽动人的女士，就是海伦·斯诺——埃德加·斯诺的妻子。她要去的地方是延安。

几个月前，她的丈夫结束了对红色政权的采访，从保安归来。回家后的两三天里，埃德加滔滔不绝地给海伦讲他在陕北的见闻。海伦也很兴奋。丈夫满载而归，她将零乱的笔记读了一遍又一遍，并用打字机完整地打了出来，还在每张照片的背后都加注了说明。

当埃德加要对采访毛泽东的笔记进行整理、删节和改写时，海伦大惊失色。她觉得那是无价之宝，应该是整部作品最有价值的部分，她建议埃德加原封不动地保留毛泽东亲口所讲的每一个字。最终，埃德加接受了妻子的建议，这部分内容成就了《西行漫记》里最为经典的一章——《一个共产党员的由来》。

埃德加从陕北归来时，带回一顶灰色的旧军帽，上面缀着一颗褪了色的红星。海伦对这顶军帽满心喜爱，埃德加慷慨地表示可以送给她，但海伦拒绝了，“我不要你的帽子，我自己找毛泽东要”。

这一刻，她已经下定决心，要亲眼去看看那些照片和笔记上记载的事实。作为一名女性作家，她还希望从自己的角度，去搜集更多被丈夫遗漏掉的素材，多采访一些红色政权下的妇女和儿童。

1937 年初，东北军从延安撤离，中共中央机关和军委总部从保安搬进了延安城。当海伦得知 5 月初中国共产党将有一次代表大会在延安召开时，她知道机会来了——将会有很多中共的首脑人物聚集到延安。她决定在丈夫的西行之后，再续上一次。

海伦对即将展开的西北之行充满期待。陪她同行的是王福时和黄敬，只是在火车上，他们得装作相互不认识。这更让海伦有一种莫名的紧张和兴奋。还好，火车上有辣子鸡吃，让她感到浑身是胆。

一进西安即被“重点关照”

1937 年 4 月 23 日，火车载着海伦开进了西安车站。

就在海伦到达西安的几天前，西安被南京政府完全接管了。

“没有新闻自由，也没有组织，一个群众组织也没留下，一个东北军的军官也没留下，只有几名学生……杨虎城不仅没有权力，而且几天以后就要被迫去欧洲。”海伦把所见所闻都写进信里，寄给身在北平的丈夫。她特别提到，整个“西京招待所”里只住着两三个客人。海伦本不想住在那里，但身不由己——西安事变之后，当局不再发放来西安的签证，没有签证的人只能在城里停留二十四小时，所以任何一个进西安城的外国人都会受到特别的“关照”。

按照原定的计划，海伦本应在到达西安的第二天清晨搭乘军用卡车离开西安。所以她没开房间，就溜出西京招待所，住进了一位朋友家里，准备次日一早离开。然而，原定次日 5 时抵达的军用卡车没有按时出现，却等来了一位警察队长。多年以后，海伦在回忆录中这样提到那位队长：“由于睡眠不足，他的眼圈出现了黑晕，

但眼中闪耀着若有所获的光芒。”

西安的警察们的确一宿没睡，他们全体出动寻找海伦的下落。哨兵也接到上头命令，要他们密切注意一名美国女人。

“按照你的特殊情况，还不仅是个护照、签证问题。”警察队长告诫海伦。海伦这才获悉，南京政府已经颁布了禁令，禁止任何新闻记者进入西安周围的军事区域。南京还发来了一张名单，八名外国记者成为重点监管对象，埃德加·斯诺的名字位列第一。

“可我的名字不在名单上。”海伦试图抓住这个小小的漏洞进行抗辩。

“那不重要，”警察队长说，“你和你丈夫是一样的，无论怎么说，你是做记者工作的。”

抗辩无效，海伦被四名警察“护送”着回到了西京招待所。

逃出西安奔向红区

1937 年 4 月底的西安，细雨霏霏。透过雨雾，能望见围绕西安的古城墙。只要越过那道城墙，三个小时车程之外就是三原，三原目前仍在杨虎城军队的手里。从三原再走几里路，就可以到达云阳村，彭德怀率领红一方面军就驻守在那里。所以对海伦来说，最难的问题在于如何才能从那座城门出去。

无论她走到哪里，都有两名警察紧紧跟随。每到一处，他们一个往门口一站，另一个就守在海伦身边。车子一停，一名警察便飞快跑到附近有电话的地方向警察局局长汇报行踪。海伦意识到，监视她的警察们其实也很紧张，似乎觉得她会给他们带来极大的危险。没准，他们以为随时可能会有人来袭击他们，帮助这个美国女人逃跑呢。

但事实上，不可能有这种事发生。以前帮助过埃德加的少帅张学良，此刻已被蒋介石软禁，他的军队几乎全部离开了西安，正沿着陇海线向安徽进发。而在西安的外国传教士们，因为担心在这个非常时期受到牵连，对海伦也十分冷淡，不会来帮助她。

西京招待所的周经理，将一个名叫肯普顿·菲奇的美国青年介绍给海伦。菲奇是一家美国公司西安办事处的经理，其父是中国基督教青年会的领导。菲奇并不赞成海伦冒险，但他古道热肠，认为自己有义务帮助一位身处困境、孤立无援的女同胞。

两人商定的逃跑时间是半夜 0 时 45 分。此前一两天，海伦故意放出风声来麻痹身边的监视者：由于城里的传教士们态度很不友好，她准备启程回北平。她还把住房从二楼搬到一楼，故意晚睡晚起。

到了与菲奇约好行动的那一天，恰好与杨虎城将军离开西安是同一天。当局担心杨将军驻守在城里的余部可能发生骚乱，于晚间8时左右忽然宣布了全城戒严令。就在海伦准备翻墙逃跑的地方，有一队宪兵在来回巡逻。

0时45分，菲奇的信号并没有如约出现。放弃逃跑计划吗？海伦实在不甘心，她知道如果这次进不了红区，那些红军将领一旦结束了在延安的会议，回到前线，就很难见到他们了。

她决定冒险一试。她用尽平生之力跳出了窗外。街上约莫有十多个执行任务的宪兵，从围墙内就可以望见他们的钢盔，海伦知道翻墙出去是不可能了，她做出了一个大胆的决定：走向大门口。

大铁门没锁，她扭开了门。站岗的几名警察问："你上哪儿去？"

"我回家去，"当然是用中国话回答，"这儿有洋车吗？"

刚巧街那边孤零零地来了一辆洋车，海伦壮着胆子喊："洋车，来，来！"

"东大街！"海伦胡乱说了一个地址，车夫一铆劲儿，洋车就离开了西京招待所。不知为何，那些警察竟未加阻拦。

因为戒严，大街上冷冷清清的。洋车拉着一名戴墨镜的外国女人，在夜色中漫无目的地行进。没有菲奇接应，海伦压根不知道该往哪里走。就在她陷入绝望的时候，一辆自行车从跟前飞驰而过，骑车的人正是菲奇！原来，他因为无法靠近围墙，又没等到海伦，正打算回家睡觉。

在菲奇的引领下，海伦终于见到了愿意送她去三原的汽车司机。这位司机是杨虎城将军手下的人。第二天一早，汽车威风凛凛地驶过一道道城门，呼啸而去，差点撞到城门外一队修路的士兵。"带军事通行证的汽车，就得这么开。"司机给海伦和菲奇上了一课。

汽车一路颠簸开到三原，按照手上的地址，海伦他们找到了城门附近的一间小客栈，这里是红军驻三原的办事处。一位头戴红五星军帽的年轻哨兵出现在他们面前。菲奇眼疾手快，抢前一步，一把抓下哨兵的军帽，跳上汽车，绝尘而去。他必须在警察开始调查前赶回西安。那位年轻哨兵被抢走了军帽，茫然地挠着脑袋，一头雾水。

这是1937年4月30日。海伦终于如愿踏上了进入红区之路，而菲奇则得到了他想要的纪念品。

“延安是我的地盘”

从三原经云阳到达延安，休息了一宿之后，海伦的头还是昏昏沉沉的。但一大早，毛泽东和朱德就要来她居住的院子里，欢迎她的到来。

在回忆录里，海伦这样记述她见到两位革命领袖时的第一印象：“朱德双手插在袖筒里，谦逊地坐在破旧的桌子后面，他的平头上依然戴着帽子。而毛泽东把他的椅子拉离桌旁，摘下他柔软的红星帽，让浓密得令人吃惊的黑发滑落到耳旁。”

随后的几天里，海伦忙得不可开交，大部分时间用来结识各式各样的人。一次又一次热情地握手，把手都握肿了。

1937年4月30日，在美国人菲奇的帮助下，海伦·斯诺终于见到了红军

延安的保卫部门为海伦派了一名警卫员。第一次见面，小伙儿敏捷地给海伦行了个军礼，然后红着脸、羞答答地站着。

“你叫什么名字？”海伦选择了自认为说得最好的一句中国话问他。

没想到，小战士说了一句“对不起”，便慌忙夺门而出。两分钟后，他和海伦的翻译一起回来了，翻译说：“你的新警卫让我告诉你，他不懂英语。”那一刻，海伦觉着自己的自尊心受到了伤害。

不过，海伦很快意识到，也许不是她的中文发音出了问题，而是因为红军士兵们来自五湖四海，大家使用的方言、口音各不相同。操着各地方言的人们聚集在一起，如何解决沟通上的困难，这在海伦看来是件饶有趣味的事。她的结论是，红军中人人都用耳朵来学各种方言，但却继续使用自己的方言，中间需要一个“脑译”过程，而大家都很习惯，因为每个人都揣着一颗真诚的心，彼此交流。

对海伦来说，红军的一切都是新鲜的，都是值得记录的：“在延安，红军当然没有酒，甚至也没有茶；他们喝白开水，他们都是志愿兵，没有薪水。他们展开小组竞赛和作鉴定，每分钟都以此为享乐。”

海伦还惊讶地发现，红军并不像一般人想象的那样闭塞和土气，他们也爱好“摩登”的东西。“每个人都梦想在自己口袋上别一支钢笔，即使是不能用的也想得

到一支。”她甚至被卷进了一场争论，论题是“是沃特曼牌钢笔好用，还是派克牌好用”。

“当他们参加运动或演练时，每个人都愿意穿上适合运动场合的白色运动短裤和鲜红色印有图案的上衣，两边还有条纹。”衣裤上印着的一种胖胖的小动物图案让海伦觉得十分眼熟，似曾相识。

“那个滑稽的小动物是什么？”她问一名战士。

“是米老鼠。”

海伦恍然大悟，那的确是只米老鼠，不过像是一只上了年纪的中年米老鼠。

海伦当年住过的窑洞，就在凤凰山的半山腰上，今天已无迹可寻。据延安革命纪念馆副馆长霍静廉说，那里离毛主席住的窑洞挺近，大概一两百米。

尽管窑洞条件很差，海伦依然热爱延安。她曾饱含深情地写道：“延安城的位置宛如镶嵌在城墙上的珠宝和戴在群山上的王冠。这座城市以它美丽的容貌而骄傲，雕刻华丽的大理石牌楼横跨狭窄的街道，一座座砖砌的瓦房有围墙相间。”当时的延安还没遭日军飞机的狂轰滥炸，完整地保存着宋元古风。

几十年以后，由海伦拍摄并保存下来的延安古城照片成了这座城市最珍贵的记忆。在今天的延安和延安大学，学者们正在开创一门名为“延安学”的学问。他们对于海伦·斯诺的著作都很熟悉，因为她的著作是多年来第一部描写延安的书——而她的丈夫采访红军时，延安还在东北军管辖之下。

“埃德加的地盘在保安，延安是我的地盘。”海伦在世时不止一次这样说，语气中充满骄傲。

为《西行漫记》补充采访

1937年那个炎热多雨的夏天，在中国革命的圣地——延安，海伦约见了很多人，提出了成千个问题。因为要记录的东西太多，以致她的手患上了永久性痉挛。全部采访结束时，采访笔记多达二十七本。

按照军事科学院高级研究员鲍世修的统计，除了访问毛泽东，海伦还采访过朱德、彭德怀、徐向前、萧克、贺龙、罗炳辉、项英、王震等十多位红军将领。在战事频仍、居无定所的岁月里，红军将领们根本没有时间去从容地书写或记录些什么。海伦的采访，恰好弥补了我军早期高级领导人疏于笔录的空白。

作为一名女性，海伦还对革命队伍中的女性和“红小鬼”给予了许多关注。康克清、蔡畅、丁玲与她成了无话不谈的朋友。在她笔下也能找到很多“红小鬼”的身影，其中一个“红小鬼”刘炽总是缠着海伦学踢踏舞。后来刘炽成了中国著名作

曲家，《我的祖国》《英雄赞歌》《让我们荡起双桨》等脍炙人口的曲子都出自他手。

当然，海伦始终没忘记此番西行的首要任务——帮埃德加做补充采访。朱德总司令是她第一个想采访的人。由于长期的新闻封锁，外界对红军的了解极少，很多人甚至将“朱毛”当成一个人。埃德加在保安采访时，朱德率领的红军队伍尚未到达陕北，这部分采访得靠海伦替埃德加补上。

在海伦眼里，“朱总司令是个头发灰白的五十岁的老战士，至少有半生岁月是在激烈的战斗中度过的。在他脸上深深的皱纹中，仿佛写下了中国没完没了的内战中各次战役的悲惨故事。他的嘴巴老是带着忧愁与严肃的表情，可是，他一笑起来，满脸笑容，令人心醉”。

6月间，海伦托人将十四本采访笔记和她拍的二十多卷照片胶卷从延安带回北平，交给埃德加，正好赶上《西行漫记》的收尾阶段。有关朱德的第一手材料和十一张照片被及时地补充到书中。这年7月，在日军进犯北平的隆隆炮声中，埃德加完成了书稿，10月以《红星照耀中国》为名在英国伦敦正式出版，并很快有了名为《西行漫记》的中译本秘密流传。

“《西行漫记》是两个人合作、两次西行的产物。”几乎所有研究《西行漫记》的专家都这么说。

陕西省斯诺研究中心会长安危曾在海伦生前多次拜访过她。二十世纪八十年代，他第一次向中国学界公开斯诺夫妇的部分往来信件，从这些信件中可以发现，海伦在延安期间，夫妇二人鸿雁传书，就采访与写作事宜始终保持着沟通。埃德加甚至给海伦出主意，教她如何采访毛泽东：“建议你设法使莫西（毛泽东）进行哲学辩论，把它记录下来。”海伦照办了。后来她始终认为，毛泽东在1937年七八月间写的《矛盾论》《实践论》两篇名著，与她所提的哲学问题有着某种关联。

据说，毛泽东还曾同意与海伦合写一本关于中国革命的小册子。在7月4日美国独立日那一天，他第一次与海伦就“中国革命的实质”进行了交谈。然而这本小册子最终没能写成，因为七七事变爆发了。

8月11日，海伦去向毛泽东探询消息。采访是头一天约定好的。

“晚上9时，细雨蒙蒙，毛主席安然坐在庭园里的一张外国式的帆布躺椅上，吸着香烟。”海伦在回忆录里写道，“毛泽东同我握手问候，然后退回暗处坐了下来，燃起了一缕袅袅的烟雾，神态有如居于洞穴中的阿波罗神。他从不撩起额前蓬松乌黑的浓发，也不摆弄钢笔或铅笔。他那双匀称的大手和他的语调一样安详。”

“你怎样看待抗日战争的前途？”海伦问。

“非胜即败，只有这两种可能，怎样才能胜利呢？我们必须鼓足勇气，继续战斗，保持士气。如果中国能够实行十大纲领，我们一定会胜利，不然就要亡国。”

随后，海伦得到了一份文件，这使她成为第一位了解“抗日救国十大纲领”的外国记者。

一封四十二年后送达的主席亲笔信

那次会见后不久，时局的变化天翻地覆。按国共合作协议，将红军整编为国民革命军第八路军，开赴抗日前线。1937 年 8 月 25 日，朱德被任命为八路军总指挥（不久改为总司令），彭德怀为副总指挥（不久改为副总司令）。

当时的延安群情激昂，人人都想上前线，谁也不想留在后方。战士们开始试枪，枪声在小山谷里回荡。

八九月间，八路军进入前线驻防，并很快取得了平型关大捷，那是中日开战以来中国军队第一次取得胜利，打破了日军不可战胜的神话。

海伦决定去山西前线当一名战地记者，但这需要征得毛泽东的同意。

后来担任过新中国轻工部副部长的余建亭，当时正在抗大二期十四队学习，也是延安的临时翻译。老人至今记得，当他作为翻译陪着海伦走进毛主席的窑洞时，主席正在吃饭，桌上除了笔墨纸砚外还摆着两个小盘子，一个是炒鸡蛋，一个是炒蔬菜，数量都不多。在那次会见中，毛泽东特意亲笔为海伦写了一封介绍信给时任八路军总政治部副主任的邓小平，嘱咐邓小平好好照顾斯诺夫人。

9 月 7 日黎明，海伦从延安启程奔赴前线。那是一段筋疲力尽却又精神愉快的旅行，一行人在泥泞中艰难地行进了十二天，时而步行，时而骑马。

遗憾的是，当海伦他们最终赶到了云阳的八路军司令部时，最后一支部队已于几个小时前开拔了。只差几个小时，海伦没能赶上去前线的队伍，也没能见到邓小平。

海伦只好打消了去前线当战地记者的念头，决定返回西安。

回程路上，她最担心那些胶卷和采访笔记的安全，于是亲手缝了一条布袋，把笔记本的硬壳都拆掉，和胶卷一起塞进袋子里。每当有危险，就把袋子围在腰间，罩在上衣里面。

而毛泽东亲笔为她所写却未能送达邓小平的那封介绍信，她一直精心保存着。直到 1979 年中美邦交恢复，邓小平首次访美，1 月 30 日，华盛顿市在五月花大酒店举行盛大欢迎酒会，包括卡特总统在内的许多美国政要、国会议员、社会各界名流都应邀出席。在那次酒会上，特意穿了一件紫红色唐装的海伦来到邓小平跟前，

掏出当年毛泽东写的亲笔介绍信交给他，同时说了一句半开玩笑却包含几许沧桑感慨的话："邓小平同志，您还真难见着啊！"

此时，距离毛泽东为她写这封信已经四十二年。写信的人已然不在，而传信的人和收信的人，也都已是年逾古稀。

1937 年那个秋天，结束了红区之行的海伦在西安登上开往北平的列车。火车即将开动，一路护送她从延安到西安的小警卫员站在车厢口最下一级台阶上，使劲低着头，沉默不语，不让人看见他的眼泪从黝黑的面颊上滚落下来。

此情此景让海伦也十分动情。多年后回忆起当日场景，她写道："这是一个中国人在流眼泪，好像送别他最亲近的亲戚。这是中美友谊的根基。"

在那一刻，海伦立下心愿：决不做任何损害中美人民之间友谊的事。

（本文选自《北京日报》，有删减）

白求恩在中国的六百五十五天都做了些什么

文／闵　捷　梁赛玉

白求恩

白求恩是谁？我们也许只知道他是“一个高尚的人，一个纯粹的人，一个有道德的人，一个脱离了低级趣味的人，一个有益于人民的人”。毛泽东的文章《纪念白求恩》是这么写的，收录在中学生的课本里。

在栗龙池看来，人们也许只知道白求恩是一位普通的加拿大医生，一个共产主义战士，为中国抗战事业牺牲。“但人们不一定知道，他有多么传奇的一生。”这位白求恩精神研究会常务副会长兼秘书长如数家珍：白求恩曾三度中止学业，并从军服役于海陆空三军；他已在北美医学界享有非常高的声誉和地位，发明了众多医疗器械和医治手段；白求恩可称为“文青”，文笔极好，曾当过记者，写过小说，创作诗歌、绘画……

在白求恩传记《手术刀就是武器》的作者泰德·阿兰和塞德奈·戈登看来，“白求恩是一个独一无二的加拿大人……他真正是为那种要去体验和丰富全部生活的迫切需要所驱策的新文艺复兴时期式的人物”。

为什么选择延安

如果说白求恩赴苏联参加国际生理学大会的经历成为他接触共产主义的契机、远赴西班牙投身反法西斯斗争坚定了他的信念，那美国记者埃德加·斯诺所写的《红星照耀中国》一书，就是白求恩奔向延安的指路灯。

1937 年 7 月 7 日，日本军队挑起全面侵华战争，一个空前的历史事件发生了。听到这来自亚洲的巨变，白求恩在讲演中无比愤慨地指出：“章鱼状的垄断资本主义已四处伸出触手，日本侵略中国即是一例。”他觉得现在的中国更需要他，他在西班牙取得的经验拿到中国会有更大的用处，于是他决定到中国去。

白求恩曾在一封信中谈到自己为什么不返回西班牙而来中国。他说：“你要明白我为什么要到中国去，请读一读埃德加·斯诺的《西行漫记》……艾格妮丝·史沫特莱的《红军在长征》和贝特兰的《中国的第一步行动》。”

1938 年 1 月 8 日，白求恩率加美援华医疗队乘“亚洲女皇号”邮轮，自加拿大温哥华港启程来华，支援中国人民的抗日战争。当十九天后他带着大批医疗药品和器械抵达中国时，国民党方面希望留下医疗队——他们垂涎于那批战时的宝贵物资。同行的美国医生帕尔森斯留下了，但白求恩初衷不改。在宋庆龄的斡旋下，他与当时在武汉的中共中央军委副主席周恩来会面了。

白求恩对周恩来说：“我来中国是要到解放区工作的，现在抗战形势紧迫，请你尽快安排我上前线去。”周恩来考虑到从延安去晋察冀更安全一些，他建议白求恩一行北上延安再前往前线。

可是，这一路并不容易。虽彼时国共统一战线已经形成，中共方面的人由汉口乘火车去西安是自由的，但当时日军正自华北向南进犯，铁路沿线经常遭到日本军机轰炸扫射。白求恩一行到达郑州转乘陇海路火车，改由陕西潼关、山西风陵渡过黄河，经运城、侯马到临汾八路军总部后，再设法去延安。白求恩一行数十辆大车组成的运送医疗队物资的车队，从临汾出发过汾河渡黄河，一路上敌人上有飞机下有追兵，二十多头骡子被炸死伤，数人受伤。为了躲避敌机，他们只能选择深夜赶路。

白求恩在日记中写道：“我们和紧跟后面的日军之间没有一点遮拦，这实在令人毛骨悚然。”3 月 7 日，他们终于渡过黄河。3 月 22 日，白求恩在西安见到了八路军总司令朱德。接着他们改乘卡车前往延安。

相见恨晚，与毛泽东彻夜长谈

一直到 3 月底，这段颠沛的行程才告一段落。白求恩抵达延安，刚安顿下来便表示要见毛泽东主席——这位埃德加·斯诺笔下伟大而又略带神秘的人物。

第二天晚上 10 点多钟，白求恩一行踏着月色，来到凤凰山毛主席的住所。刚一落座，白求恩便郑重地将自己的党证交给毛泽东，并介绍了西班牙的内战情况。毛泽东向客人谈了对世界局势的看法，介绍了红军二万五千里长征的壮举，并详细说明了中国共产党的抗战理念和策略，这让白求恩精神十分振奋。根据当时给白求恩当翻译的黎雪回忆，毛主席与白求恩会见的时间一直持续到午夜之后。

“白求恩是一位极富个性的人，能让他打心眼里佩服某个人，真的很不容易。”研究白求恩二十余年的栗龙池说。白求恩说，如果组织医疗队，自己来治疗的话，可以保证百分之七十五以上的生存率。毛泽东听后，欣然同意白求恩组织战地医疗队到前线去工作。

白求恩在当天的日记中写道：“我在那间没有陈设的房间里和毛泽东同志对面坐着，倾听着他的从容不迫的言谈的时候，我回想到长征，想到毛泽东和朱德在那伟大的行军中怎样领着红军经过二万五千里的长途跋涉，从南方到了西北丛山里的黄土地带。他们当年的战略经验，使得他们今天能够以游击战来困扰日军，使侵略者的优越武器失去效力，从而挽救了中国。我现在明白为什么毛泽东那样感动着每一个和他见面的人。这是一个巨人！他是我们世界上最伟大的人物之一。”

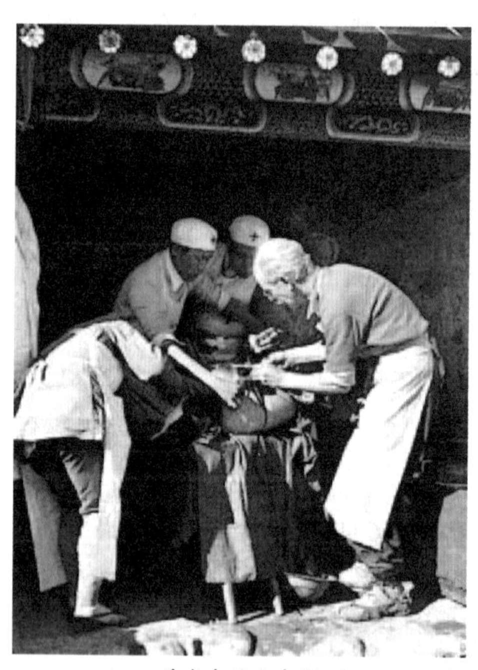

手术中的白求恩

六百五十五天，他都做了什么

在栗龙池那不到二十平方米的办公室里，最醒目的是两幅大型油画。一幅是毛泽东和白求恩在燃着油灯的窑洞里对谈；另一幅是白求恩披着大衣，在暴风雪肆虐的深夜里，在村子里一家一户探访病人。而后者，正是白求恩在前线的真实写照。自1938年1月27日抵达香港到1939年11月12日因伤口感染不治离开人世，白求恩在中国仅停留的一年九个月零十七天里，做出了常人难以做到的事情：

他自1938年2月初到武汉开始在一所教会医院为伤病员做手术，后到韩城、延安、贺家川、晋察冀、冀中，跋涉数千里，迎着枪炮声搭起战地手术台，施行手术上千例，检查伤员无数。仅参加齐会战斗一次，就连续三天三夜不休息，六十九小时实施手术一百一十五例。

他亲自参与创建了晋察冀军区卫生学校，并亲自制定教学方针和教学计划，亲自修订教案并授课。

他创新培训模式，组织开展了“特种外科实习周”，使一大批医生、护士、卫生员很快便能成长为战时急需的医务人才。

他整顿医疗秩序，结合抗战实际编写了以《游击战中师野战医院的组织与技术》为代表的二十多种医学教材。

他经常写信、写文章，甚至写小说向国际社会宣传中国共产党领导的抗战形势，并大力呼吁为中国抗战提供经费、物资和人员援助。

“我很累，可是我想我有好久没有这样快乐了。我很满足，我正在做我所要做的事情。而且请瞧瞧，我的财富包括些什么！我有重要的工作，我把每分钟的时间都占据了。”他在日记中写道。

他离去时只有四十九岁，却已像一位老人

“离他去世二十多天的时候……”栗龙池的嗓子仿佛被捏住了，讲述一下子被掐断。他端起杯子，喝了一口，静静低头，试图控制自己的情绪。他说：“日军进行‘大扫荡’的那次，他坚持给一个腿部受重伤叫朱德士的士兵做手术，当时敌人已经打到了村口，大家都焦急地催促赶紧撤离。他却对年轻的朱德士说：‘任何人都没有权力放弃你。’就是在这次紧张的手术中，碎骨刺进了白求恩的手指。”

第三天，白求恩不顾伤口已经发炎，又亲自为一名颈部患丹毒合并蜂窝组织炎的伤员做了手术，伤口被感染了……

1939 年 11 月 12 日，年仅四十九岁的白求恩永远长眠于中国的土地上。11 日夜在弥留之际的他对身边的同志深情地说：“请转告毛主席，感谢他和中国共产党对我的教育。我相信，中国人民一定会获得解放，遗憾的是我不能亲眼看到新中国诞生了……”

白求恩留下了一封遗书，将他仅有的几样贴身物件都一一安排赠予他人，并且恳请加拿大组织能为他的前妻“拨一笔生活的款子”。

他一生中的两次婚姻，都是和同一个女人——弗朗西斯·坎贝尔·彭尼。在第一次的婚姻时，正处于白求恩事业的上升期，他已在美国底特律挂牌行医。1926 年，当他被聘为英国皇家外科医学院的临床研究生的同年，他患上了可怕的肺结核，在当时看来，如同今天的癌症一般恐怖。为了不拖累妻子，他们分手了。白求恩独自在美国纽约州的特鲁多疗养院治疗，并大胆将自己当成小白鼠，进行了在当时仍然被作为试验性治疗方法的“人工气胸疗法”。人工气胸疗法不仅治好了白求恩的肺结核病，还促使他在胸外科疾病的研究方面取得重大进展，并发明了一系列新的胸外科治疗器械。在他康复的两年后，两人再度走入婚姻。虽然这段婚姻持续的时间有限，白求恩仍然在遗嘱中说：“同时也告诉她，我曾经是很快乐的。”

对于他来说，更高层次的快乐是为了中国人民的解放事业，将整个身心投入救助伤员、建医院、培训医护人员和建学校。他说：“最近两年是我平生最愉快、最有意义的日子，感觉遗憾的就是稍显孤闷一点。同时，这里的同志，对我的谈话还嫌不够……”

“一年九个月零十七天的时间，他比来时已经苍老了许多。从来中国前不久的照片里，我们可以看到白求恩还是一个精干的中年人。他为中国人民的抗日战争不计回报的奉献，实在太伟大了！”栗龙池说。

他所参与创建的晋察冀卫生学校，即今天的吉林大学白求恩医学部和中国人民解放军白求恩医务士官学校，七十多年来，为国家培养出一大批医疗骨干：两任国家卫生部部长、许多军队和地方医疗系统的领导干部都是从这两所学校培养出来的。栗龙池本人曾在解放军白求恩医务士官学校工作二十多年，他说，这是他的“白求恩”情结的缘由。

栗龙池说：“白求恩是一面镜子，我们都应该多照一照。”

（本文选自新华网）

汉斯·希伯：牺牲在中国抗日战场的外国记者

文／王永娟

在鲜花簇拥的华东革命烈士陵园里，有一尊高大的汉白玉雕像格外引人注目。雕像两臂交置胸前，一手持钢笔，一手持采访本，神态安详，深邃的目光凝视前方。这就是在世界反法西斯战争中，唯一牺牲在中国抗日战场上的远东太平洋记者——汉斯·希伯。

国务院原副总理、曾与希伯一起并肩作战过的谷牧曾回忆道："他是一名记者，却是以一名战士的身份在战场上牺牲；他是一名欧洲人，却是在中国的抗日战场上牺牲的。为支持中国人民抗日战争以各种方式进行战斗的外国友人很多，但是穿上八路军的军装、拿起枪来同法西斯强盗战斗而死的欧洲人，他是第一个。"

对文明的向往和对正义的追随

1897年，汉斯·希伯出生在原奥匈帝国的克拉科夫，后在德国上大学并加入德国共产党，通晓英、德、俄、波兰和中国五国文字。希伯不是他的原名，他的原名波兰语"CRZYB"，德文名"Muller"，英文名"Hans Shippe"。来到中国后，新四军卫生部长沈其震给他改名为汉斯·希伯。

希伯很早就向往具有五千年文明历史的中国，对中国的时势十分关心。1925年，他第一次来到中国上海，同年在北伐军总政治部编译处做编译工作。他经常到贫困的下层民众中了解中国的实际情况。1927年，四一二反革命政变后，看到无法将国民党的观点与自己的信念统一起来，汉斯·希伯愤然辞去了国民党内的职务，经上海返回欧洲。回到欧洲后，他仍时刻关心中国的革命问题，并根据自己的经历和中国的实际情况用生动的语言写出了《从广州到上海：1925年—1927年》一书，于1928年2月在柏林出版。此书让更多的外国人了解了中国的真实国情。

不过，希伯的中国情并没有因为蒋介石叛变中国革命而断绝。1932 年秋，希伯告别新婚的妻子秋迪，再度来华。不久，他的妻子也追随丈夫来到中国。希伯来到上海后，与当时在上海的一些国际友人如史沫特莱、马海德、路易·艾黎等人组织了一个马克思主义学习小组，共同研究中国的形势。

此后的五年间，他在上海广泛活动。他以笔名“亚细亚人”在美国《太平洋事务》《亚细亚杂志》和德国《世界舞台》等多种报刊上，发表了大量关于中国和远东问题的文章，成为世界著名的反法西斯政论家。

1940 年，希伯和沈其震在皖南泾县云岭合影

在江苏：“无论穷人、富人都信任新四军”

1938 年春天，希伯穿越敌人的道道封锁线，几经周折，终于踏上了延安这块热土。在延安，毛泽东主席接见了他，并向他介绍了中国共产党抗日斗争的情况。1939 年约二三月间，希伯以美国太平洋学会《太平洋事务》月刊记者的身份，与美国作家史沫特莱、美国记者杰克·贝尔敦等从上海出发，由新四军卫生部部长沈其震陪同到皖南泾县云岭新四军军部进行采访。他在这里见到了周恩来和新四军的许多领导人。

1941 年 1 月，国民党反动军队悍然发动了皖南事变。希伯闻讯义愤填膺，先后在《美亚评论》上发表《叶挺将军传》《中国的内部摩擦有利于日本》等文，揭露国民党袭击新四军破坏抗日民族统一战线的罪行。希伯尖锐地指出，皖南事变的发生使“中央政府完成了日本军队想做而没有做到的事情，即消灭了长江以南在南京和芜湖一带的新四军成功建立起来并正在坚持的游击根据地”。

1941 年 5 月，当希伯得知新四军新的军部在苏北盐城重建时，便与夫人秋迪化装成医生和护士，由上海乘船来到新四军苏北抗日根据地，见到了新四军领导人刘少奇、陈毅、粟裕等。

在刚刚抵达盐城时，希伯便在为自己举办的欢迎会上致辞称：“国际人士知道，新四军、八路军已为中国写下最光辉的抗战史迹；倘是中国没有新四军、八路军以及共产党为坚持统一战线的斗争，中国就不可能有抗战和中国光荣的独立运动史。”“我们相信，不久，就可以在自由的世界里，站出独立自由的新中国！”

在苏北期间，希伯始终被无处不在的抗日热情所感染、所激动，他以满腔的革命热情，写出了大量的战地报道，陆续发往国外，向全世界如实报道新四军发动群众、团结抗日的感人事迹。他在《长江三角洲的游击战争》一文中写道："新四军通过同装备精良的敌人作战，依靠宣传群众和关心群众的利益，赢得了人民的信任，不论是穷人或富人，都信任新四军。"

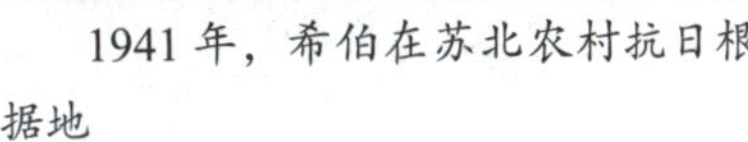

1941 年，希伯在苏北农村抗日根据地

在山东："有一种到了家的亲切感"

为打破日伪军的新闻封锁，使人们进一步了解八路军在山东敌后艰苦抗日的真实情况，希伯又前往山东采访报道。1941 年 9 月 12 日，希伯在沿途八路军、新四军和老百姓的掩护下，顺利到达山东抗日根据地。当时山东抗日根据地的机关报《大众日报》刊登了希伯到来的消息："在抗战中，外国记者到鲁南，还是以希伯先生为第一。"希伯在为他举行的欢迎会上激动地说："这次到山东敌后来，是我生平一次最好的旅行。在八路军和新四军的帮助下，在他们强大的武装力量的掩护下，我能在日本帝国主义者的占领区内，来往自如地'旅行'在中国领土上。我深切地感到，谁要想真正了解今天的中国，真正了解中国人民是怎样英勇地同敌人艰苦搏斗，就必须亲身到中国的敌后来。"当时，山东抗日根据地在日伪顽军的夹击下，局势动荡不安，战斗生活十分艰苦。一个国际友人不顾自己的安全冒险来到这里，极大地鼓舞了抗日军民的士气。

希伯来山东根据地不久，就对这里的抗日军民有了深厚的感情，他在给妻子一封信中说："我真像明星！人们追着我、围着我，一双双友善的眼睛望着我，仿佛我是一个天外来客。而我却有一种到家了的亲切感。能和山东的抗日军民见面我很荣幸，实现了我的愿望！"

而作为踏入山东敌后抗日根据地第一位西方记者，希伯以其卓越的政治敏锐感和生动的文笔，客观地描述了八路军的抗日活动。他的一系列文章在外国报刊上发表后，引起了外国读者对敌后抗日军民的极大关注。

反"扫荡"："只有共产党的军队才能这样团结一心"

不久，日军"大扫荡"开始。为了保证国际友人的安全，山东分局决定让前来探望丈夫的秋迪女士提前回上海，并劝说希伯也一起回去。希伯说：“我同意让秋迪先回去，但我决不离开山东。一个想有所作为的记者，是从来不畏惧枪炮子弹的。让我留下来吧！”

秋迪走后，山东抗日根据地的形势日趋险恶，敌人大举侵犯沂蒙山区。对八路军来说，已无前方和后方可分，希伯也穿上了八路军的军装。在漫天风雪中，希伯跟着一个梯队在东蒙群山之中围着山和敌人“推磨”，他很快适应了游击战和运动战的流动生活，还学会了射击，熟悉了行军规则和夜间的联络信号，希伯已成为一名真正的八路军战士了。而每当到了宿营地，万籁俱寂，战士们已进入梦乡，他却又要忙于写作。于是，《反“扫荡”日记》等大量生动描写八路军反“扫荡”的通讯和特写在打字机不知疲倦的嗒嗒声中诞生。

埋骨大青山：“为抗击日寇血染沂蒙”

敌人并不甘心，一场更大的“扫荡”正在酝酿中。不久，发生了鲁中南地区抗战史上最悲壮的一次战役——大青山战役。

11 月 29 日晚，希伯所在的连队在沂南费县交界处的大青山五道沟下的獾沟子附近与敌人遭遇。敌人以一个混成旅将八路军一个连紧紧包围起来。在敌强我弱的情况下，连队战士与敌人展开了殊死搏斗，希伯也参加了战斗。由于敌我力量悬殊太大，领导当机立断让连队分三个小分队向西南突围，希伯强烈要求加入最后突围的第三分队。尽管指战员们以大无畏的英雄气概，打退了敌人多次猖狂进攻，但伤亡很大，希伯的翻译和警卫人员都倒在血泊中。希伯满腔怒火，从牺牲者身边捡起枪，猛烈地射击敌人，但不幸身受重伤，最后献出宝贵的生命，时年仅四十四岁。

战斗结束后，在清理战场时，人们发现了希伯弹痕累累的遗体。山东军民以隆重的葬礼将希伯的遗体安葬在他牺牲的地方。1942 年，山东军民为了纪念希伯烈士，为希伯建立了一座白色圆锥形纪念碑，碑上刻着罗荣桓“为国际主义奔走欧亚，为抗击日寇血染沂蒙”的题词。

沂蒙人民对长眠于此的汉斯·希伯十分崇敬，说他是一个应该和白求恩一起、让全中国人民永远不忘的名字！

（本文选自《城市导报》，有删减）

国际友人忆抗战：一个英国贵族和延安广播的不解之缘

文／曾　鼐

与白求恩同船抵达中国

成长在英国勋爵家庭的林迈可，毕业于牛津大学。1937 年受燕京大学（现北京大学）之聘赴北京教书，与白求恩大夫同船来到中国。当年 7 月，七七事变爆发，全民族抗战正式打响。林迈可和许多当时在中国工作的外国朋友一样，对日本的侵略行径义愤填膺，他利用自己的英国公民身份，秘密为中国军队采购药品、手术器材、技术书籍等重要物资。

但“国际身份”的庇护很快就失效了。1941 年 12 月 7 日，日本偷袭珍珠港，太平洋战争爆发。日本宪兵冲进燕京大学，开始逮捕包括林迈可在内的一切反日的中外人士。幸运地从德国友人口中提前获悉消息的林迈可，在日军抓捕前十分钟，携妻子开着校长司徒雷登的汽车成功逃出燕园，奔赴北京西山，投奔了同样秘密帮助中国共产党抗日的法国医生贝熙业。随后，林迈可一家辗转抵达晋察冀边区和延安，奋不顾身地同中国军民一起投入了抗日战争。

林迈可夫妇

英国贵族和“延安声音”

战争时期，广播具有至关重要的作用，既可以赢得国际支持，也可以揭露侵略者的罪恶，是开展心理战的有力武器。1940 年 12 月，延安新华广播电台开始播音，这是中国共产党创建的第一座广播电台，但受技术等限制，新闻一直无法传往境外。

本职为经济学家的林迈可，喜爱物理学，尤其痴迷于无线电。1942年，他在晋察冀边区受聘为无线电技术指导顾问。苏珊在“杰出的国际友人林迈可先生纪念会”上，公布了一封林迈可在1943年5月写给姐姐的信：“我们的无线电设备的确比日本兵的好许多，日本的零件大部分还不错，但他们的电子管不行，设计也不行，效率很低，传播距离短，得将缴获的日军设备重新改装，才能有效使用。”分解缴获的日本无线电设备，成为林迈可的工作重点。经不断研究，他和中国同事一起成功地将旧电子零件改装成无线电收发报机。

1944年，林迈可和妻子李效黎带着刚一岁半的幼女，冒着枪林弹雨抵达延安，建议设立发射台和定向天线，以便让无线电信号发射到美国。但天线的设计和位置并非易事。林迈可根据弗雷德里克·特尔曼的经典著作《无线电工程》中的公式，设计出V形或菱形天线，靠着一本《球面三角》和一只经纬仪，最终成功地在延安的土地上竖立了天线，并帮助组建了一台一千瓦的发射机。

1938年，林迈可用自己制造的电台发报

1944年8月15日，延安的英文广播开始面向世界“发出声音”，林迈可亲自参与了英文新闻稿的编辑工作。同年9月1日正式定时广播。1944年8月29日，设在旧金山的美国联邦通讯委员会“外国广播情报局”的职员首次收到了来自延安的新闻播报。据记载，播发每日两次，是通过手工用英文莫尔斯码播发的，每分钟十八个词。

“抗日战争时期，林迈可和很多国际友人真诚地帮助过中国，为中国的抗日胜利做出了独特和宝贵的贡献。”国际友人研究会会长马灿荣说。

女大学生嫁给洋教授

“如果没有我的中国母亲，父亲的工作是无法进行的。”林迈可的儿子詹姆斯说。林迈可的妻子李效黎出生于山西的一个地主家庭。从小性格倔强的李效黎，拒绝缠足，上高中时作为学生代表参加抗日活动，后在极为开明的父亲的帮助下，到

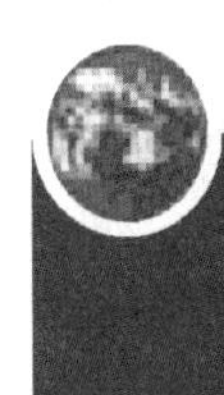

北京完成高中学业，于 1937 年进入燕京大学就读，并成为林迈可的学生。

在燕京大学任教的林迈可，1937 年起秘密为共产党购买药品等物资，急需将英文的药品名、说明书等翻译为中文。于是，林迈可找到李效黎帮忙。“作为中国人参加抗日活动，对母亲来说更是一种冒险。”林迈可的儿子詹姆斯说。

1941 年，林迈可和李效黎喜结连理，在太平洋战争爆发后，他们共同逃到晋察冀和延安，跨国夫妇同抗日的经历被传为佳话。詹姆斯说，当林迈可帮助八路军设计野战无线电通信设备时，李效黎一边帮助翻译，一边在八路军队伍中教英文，为美国军事观察组人员做翻译，并教授他们中文。

跨国伉俪难解中国情

1945 年底抗战胜利后，林迈可和李效黎离开中国返回英国，但他们与中国的联系并未中断。

1947 年，李效黎写了一本英文书“*Bold Plum*”，中文版本为《再见，延安》。“她说，用英文写这本书，是想让全世界了解中国人民在抗日战争中经受的苦难，以及他们在非常有限的条件下，如何勇敢地开展抗日斗争。”詹姆斯回忆道。随后，夫妇二人又相继出版了多本书籍，记录中国的抗日故事。

新华社高级编辑刘光牛说，1945 年，林迈可离开中国前，特意将他在八年内的所有关于广播的资料和建议都留给了新华社，至今很多依然保存在档案馆中。重返英国后，林迈可一直持续关注中国的国际传播事业，多次致信新华社，为英文稿件的翻译等提出建议，并在中华人民共和国成立后多次重访中国，直到 1994 年去世。

詹姆斯说：“父亲后来成为英国上院议员，但无论讨论什么问题，他总是谈到中国。从小就经常听他们讲中国的故事，父母的一生，都在为增进世界对中国的了解而努力”。

（本文选自中国新闻网，有删减）

我所知道的延安美军观察组“往事”

口述 / 李耀宇　整理 / 李东平

李耀宇，四川巴中人，1933 年参加红军，1936 年长征到陕北，先后跟随黄祖炎、刘锡五、王德、张苏、陈云、李富春等人，曾任中宣部管理员、美军观察组管理员，1949 年跟随黄克诚进入天津，1982 年离休。

1944 年夏天，在陈云的安排下，我在延安中央疗养院治愈了肺结核。本来想继续到陈云身边工作，陈云说，原来打算送我去党校学习，现在来了美国人，我比较有经验，去美军观察组工作吧。从此，我结识了一些美国朋友。

美国人来到延安

抗战后期，在华盟军中缅印战区司令官约瑟夫·史迪威将军要求向延安派遣一个军事观察组，以便对中国共产党军队的战斗力做出一个正确的估计，获取相关的政治、军事、经济和气象情报，探索与中共进行军事合作的可能性。这项建议受到蒋介石的极力反对。蒋介石不愿意让国际社会了解认识中国共产党，更不愿美国在延安设立使团。尽管 1943 年这项建议就被提出，直到 1944 年 6 月美国副总统华莱士访华，蒋介石才勉强同意。

美国观察组

1944 年 7 月 22 日，首批美军观察组成员在组长包瑞德上校的率领下，乘一架 C-47 型运输机飞越秦岭，在震耳的轰鸣声中降落在延安机场。

成员中唯一的文职官员是美国驻华大使馆二秘、中缅印战区司令部政治顾问约翰·S. 谢伟思。谢伟思是派遣观察组这项建议的积极倡导者。

美军观察组在延安受到了热烈欢迎，图为毛泽东与美军观察组成员交谈

美军为观察组命名的军事代号是“迪克西使团（DIXIE MISSION）”，如此命名意味深长。“迪克西”原指美国南北战争时期南方诸州，源自一首歌颂南方的流行歌曲，在此比喻陕甘宁边区。反叛的南方人受到称赞，但终被北方人击败。这样的历史结局如能在中国重演，或许是美国所期待的。

美军观察组飞抵延安，受到中共领导人的热烈欢迎。周恩来、张闻天、博古、贺龙等人亲临机场迎接，从此揭开了中国共产党与美国官方正式交往的序幕。

包瑞德上校

美军观察组组长包瑞德上校，就是在延安劝毛主席放弃武装，到国民政府里做官的那个美国人。每天早餐、晚餐前，上校都要“操练”。他敞开军外衣，微微凸起的肚子上斜插一支“加拿大橹子”，挺胸甩臂，目不斜视，一会儿健步疾走，一会儿缓步慢跑。上校沿公路跑到北门，出南门，绕回东关，过延河，经清凉山、王家坪，再从王家坪过延河，经“韬奋书店”回观察组。大家很好奇，天天挤在大门口，看包瑞德上校在延河滩上“无事瞎忙活”。

周恩来到观察组的次数较少，一次他跟我们聊天，讲到外国人在上海横行霸道，外滩公园门口挂着一块牌子。他浓眉紧锁，一字一顿说：“华人与狗不得入内。”同时用手指在空中一点一点比画。停了一会儿，他的情绪稍稍平静，又说，“美国人为什么这么尊重我们呢？一是我们与美国是盟友，帮助美国人做了许多工作；二是延安人团结抗日，不贪污腐化；三是延安官兵一致，有民主自由的空气。美国人佩服我们！”

包瑞德上校在延安美军观察组的任职时间很短，日本投降后，他再次被任命为驻华助理武官。1950 年 2 月，他黯然离开北京。1949 年 10 月 1 日的开国大典之前，北京市公安局破获了国际特务阴谋使用迫击炮轰击天安门、刺杀毛泽东等中共领袖的重大案件。此案主犯于1951年8月被枪毙，包瑞德被指控为此案的幕后策划者，并被缺席判处死刑。

1971年，周恩来与应邀来华访问的谢伟思谈话，明确指出，包瑞德卷入炮击天安门案件是个错误，并表示欢迎包瑞德来中国访问。然而包瑞德没能来中国与他的延安朋友们相见，他终老北京的愿望也没有实现。1977年2月3日，包瑞德在旧金山病故，终年八十四岁。

迪克西使团

迪克西使团的成员被安置在北门外的“边区司令部”。

中共中央领导非常重视美军观察组的生活，指示要让客人们吃好、住好。我雇佣民工，筑窑烧砖，陆续在“边司”的操场和菜地上建筑了三层楼高的气象观测楼、仓库、餐厅和警卫室，大门旁搭起了汽车棚和发电机房。

观察组的庭院左侧有一片稀疏的柳林，树木粗若碗口，美军人员常常在林中打羽毛球，举办舞会。

观察组的美国官兵很佩服延安的共产党人，观察组的几个美国人，多次向我竖起大拇指：“你们共产党是这个。”然后又跷出小拇指朝向地面：“你们国民党是这个。”同样都是中国人，只是因为政治表现不同，在美国人的眼里就有天壤之别。

这些美国人一天到晚蠕动腮帮，咀嚼口香糖。我打趣说：“你们又‘倒嚼’了！”他们听不懂“倒嚼”是什么意思，个个都像会笑的骆驼，蓝蓝的大眼睛闪动着天真的光彩。他们见我不嚼口香糖反而觉得反常，纷纷掏出口香糖请我吃。我再三推辞，他们就硬塞进我的衣兜。结果，我也和“骆驼”一起“倒嚼”起来。

美国的战时物资供应充足，显示出强大的经济实力和科技实力。观察组的仓库堆满了气象器材、通信器材、食品、药品和被服。美军官兵每人都配备几套卡其布军服和呢料军服，另外还有工作服、夹克、大衣、鸭绒睡袋、皮靴、雨衣等。在食品方面，最具特色的是花样翻新的各式罐头。有时，观察组急需某种零件或药品，用电台联络一下，很快，从西安派出一架飞机，在观察组上空低空盘旋，从机舱里扔下一只小木箱，降落在观察组院子的黄土坡上，激起一团黄色尘土。

用黄土“干打垒”夯起的围墙依地势逶迤起伏，将整个边区司令部和美军观察组围得严严实实。一道黄土围墙，串联两座大门，哨兵日夜警戒。围墙之内却是一个大院，边区司令部和美军观察组之间无挡无遮，互可通行。

1945年8月日本投降后，边区司令部大院内新夯了一道黄土墙，将“边司”与“迪克西使团”隔开，似乎喻示中共与美国隔阂的开始。

我军首批“外交官”

1944 年 8 月 18 日，中共中央下发《关于外交工作的指示》：“这次外国记者、美军人员来我边区及敌后根据地便是对我新民主中国有初步认识后有实际接触的开始。因此把这看作是我们在国际间统一战线的开展，是我们外交工作的开始。”美军来之前，各单位都打了招呼，算是最早的“外事教育”吧。

观察组中方人员有两名英语翻译、四名后勤管理员，另有八名厨师、一名女打字员，一个警卫班。从延安科学院调来四个年轻人，两男两女，配合美军搞气象观测工作。我们这些人构成了红色军队的第一批“外交人员”。

中央办公厅从西北菜社、边区菜社调来最好的厨师，为观察组烹调一日三餐。美军官兵的早餐很简单，每人两个油煎鸡蛋、煮红萝卜、油炸土豆片。厨房只用美国的酸黄瓜罐头煮酸黄瓜汤。1940 年，我在中组部胜利食堂学厨，知道一些中西菜肴的做法，通过翻译，让飞机运来一些沙拉油和一些调料，做了土豆沙拉和几种西餐小菜。

我们觉得这样的饭菜也太单调了，决定给美国人改善伙食，把一只汽油桶改造成烤炉，烤起了羊肉和整鸡。延安没鸭子，我们就用烤鸭和脆皮鸡的混合工艺，烤出皮脆肉嫩、香气四溢的“延安鸡”。大厨把猪肉剁碎，加入调料，放入烤炉，烤成外脆里嫩、味道鲜美的碎肉饼。“延安鸡”和烤肉饼餐餐都被美军官兵吃得干干净净。延安厨师烤制的面包新鲜可口，从此，飞机再也不往延安运送面包了。后来，观察组的美国人也能用筷子吃饭，喜欢吃包子、饺子。那时，中共中央无偿向美军观察组供应饮食。

观察组中方人员“近水楼台先得月”，时常吃些午餐肉罐头、黄油果酱，开了洋荤。美军也有一个管理员，大概叫什么“沃德”，经常拎一只铁皮桶，里面装着午餐肉罐头，送到中国人的大灶。他还担心我们不吃，转送别人，当场撬开罐头，看见我们每人取了一份午餐肉，才满意地离去。

1945 年 1 月 21 日，观察组惠特尔西上尉赴山西考察八路军，在太行山的榆社堡下村被日军杀害。朱德总司令亲临观察组慰问，亲自题写了匾额，将我们的餐厅命名为“惠特尔西纪念堂”。此时，中国共产党与美国官方，以及八路军与美军的友谊达到了顶峰。

美军教我驾驶吉普车

美国吉普车是二战中的“宠物”。1942 年刚刚投入批量生产的吉普车，立即以其独特性能享誉整个盟军。美军观察组抵达延安不久，运输机降落在延安机场，四辆崭新的草绿色的吉普车从机腹中驶出。观察组无专职司机，有时包瑞德上校也要充当临时司机，驾车去机场接飞机。

美军观察组的基建完工后，我基本上没什么具体工作，天天泡在发电机房，帮助美军技工擦机器，与美军技工成了好朋友。观察组没有专职司机，美军技工要管理发电机，还要保养汽车，忙不过来，就请求我们协助驾驶吉普车。

在观察组院子里，技工逐一讲解吉普车的操作机件和操作要领，翻译在一旁给我们解释。经过几天的“理论学习”，我们去东关机场开始实际操练。为了安全，技工拆卸了吉普车的挡风玻璃。我坐上吉普车，拧开电门，左脚踩离合器，右脚踩动油门，吉普车“呜呜”地吼叫，车身微微颤抖起来。翻译在身后提醒我：“加油门！松离合！”吉普车慢慢向前行驶起来。技工高兴地竖起大拇指。我把变速杆挂到高速挡，狠狠踩住油门，吉普车像受惊的烈马，飞速狂奔。只听耳边风声呼呼作响，转眼间，驶过桥儿沟，接近飞机场跑道的尽头。我想转回去，就松开油门，向左转动方向盘。吉普车右侧两个轮子离开地面，忽的一下，来了个九十度的侧翻，横躺在飞机跑道上。我和技工、翻译被甩出车外。

很快，我们四个人都可以单独驾车，代替美国人去机场接飞机。不久，运输机又运来两辆吉普车。

1946 年 6 月，内战全面爆发，美军观察组撤离延安，遗留下的吉普车，转战陕北时用上了。

气象事业的摇篮

1944 年夏末，美军的气象台开始工作，五六个美国人一天到晚忙来忙去，放探空气球，搞航站预报，为来往延安的飞机提供气象保证。

当时美军在成都、昆明和衡阳等地设有空军基地，美军的 B–29 轰炸机经常从基地起飞，轰炸日军控制的华东、华北和东北地区，因而急需华东、华北等地的气象情报。美军要求派人去各地的解放区设立气象观测站，经与中央军委谈判，就此事达成了协议。由中方举办气象测报人员训练班，美方派教员协助训练；美方提供所需的气象观测仪器及无线电通信器材；各地的气象情报资料由军委三局统一收集后交美方。

经过培训的中方气象人员陆续来到美军观察组，基本接替了美国人的气象观测工作。他们是红色军队的第一代气象兵，在以后接收国民党气象机构和组建国家气象事业中成为骨干。

气象观测楼天天施放探空气球，充满氢气的橡胶皮囊膨胀成直径两米左右的大

球，晃晃悠悠向天空飘浮。气球经常在空中爆裂，残破的气球胶皮落到观察组四周，被人拾走，缝成雨衣。气象员气恼地说：“重庆造的球胆就像猪尿泡，升不到预定高度就破裂了。”很快，美军运输机运来一批美国制造的球胆，气球升空后，不再爆裂，气象员操纵一米多长的单筒望远镜观测气球飞行方向和高度。

抗战结束后，美军观察组陆续撤离延安，他们遗留在仓库里的便携式电台、手摇发电机和收发报机在解放战争中发挥了很大的作用。

青霉素、好莱坞电影和赫尔利

青霉素、好莱坞电影和赫尔利仿佛象征着美国的科技、文化和政治。美军观察组的军医离开延安后，马海德医生负责美军观察组的医疗工作。一次，在我们管理员办公室，他小心翼翼地把五个小玻璃瓶放入医疗箱，兴奋地说：“这回可解决大问题了。”我问是什么宝贝，他说是美军给的青霉素。

中组部的老朋友王盛荣，知道我在美军观察组工作，托我讨要美国的西药。他得到药片后，高兴得手舞足蹈。延安时代，几乎人人营养不良，体质虚弱，普通的腹泻、痢疾可夺人性命。几粒消炎药可以挽救一条生命，弥足珍贵。

美军观察组成为延安人了解世界的一个窗口。中宣部的董纯才、柯柏年、黄华等人隔三岔五来观察组搜集英文报纸、杂志。观察组的餐厅亦兼电影放映厅。夜幕降临，发电机轰鸣。大家陆续来到餐厅。银幕上放映着好莱坞故事片：豪华的汽车、别墅令人耳目一新，半裸的美女，男人女人长时间的亲吻……这些光怪陆离的镜头，我们看不惯，低声嘟囔着“这都是些啥玩意儿！低级趣味”，然后纷纷离开餐厅，丢下困惑的美国人自己看。后来，美国人似乎明白其中缘由，改为放映战争新闻纪录片，如阿留申群岛之战、关岛登陆战、北非战场、诺曼底登陆战等。成群的飞机、军舰、坦克、大炮在银幕上打得天昏地暗。我们又有了看电影的兴趣。翻译叮嘱大家，看电影时，愿看就看，不愿看就走，但是观影时不要笑，不要哭，也不要鼓掌。可是观察组附近几个学校的学员不知道这个规矩，他们看到银幕上一群群士兵，在猛烈的炮火下纷纷阵亡时，分不清敌友，只要看到死人就很高兴，兴奋地鼓掌欢笑。从这以后，就有美军军官站在观察组的大门口，使影迷们悻悻离去。

1944 年 10 月的一天，日军轰炸机飞临延安，专门轰炸美军观察组。清凉山上响起尖厉的防空警报，中美双方人员都躲进了窑洞。炸弹在观察组周围猛烈爆炸，声波和气浪震动窑洞的门窗，窑洞顶坡的黄土唰唰地落下来。

日军轰炸美军观察组不久，美国总统特使赫尔利来延安访问。

赫尔利依照美国的政治标准，大包大揽地与毛泽东就中国的政治达成“协议”。

在重庆，这个“协议”遭到蒋介石的激烈反对，赫尔利立刻转变态度，劝说毛泽东接受蒋介石的条件，交出军队，去蒋介石的政府里“做官”。

1945 年 8 月，赫尔利第二次飞抵延安，迎接毛泽东赴重庆与蒋介石谈判。毛泽东登上飞机之际，赫尔利莫名其妙地嗷嗷地号叫，搞得众人面面相觑，不知道他葫芦里卖的什么药。

特殊的任务

临近 1944 年圣诞节，我和翻译开一辆吉普车，两位美军士兵开一辆吉普车带两支卡宾枪，去南四十里铺的山沟里砍圣诞树。进了沟口，转过一道山梁，看见满沟的墨绿色森林，美国人高兴地大声喊叫，向前奔去，脚下一滑，两人都摔了一个“前趴”。翻译顺手拿过卡宾枪，让我背上。

砍圣诞树时，这两位老外格外挑剔，一个说，这棵树大了，另一个又嫌树形不好看。左挑右选，又爬了两个小山包，终于砍到一棵满意的圣诞树。下山时，翻译悄悄地对我说：“小李，你快开车，争取提前半小时到家，我和他们在后面慢慢走，这是一个任务。”

我把卡宾枪放在座椅旁，不顾雪深路滑，飞车疾驶。回到观察组，早有一人等候在门口。没等吉普车停稳，他就奔来，从车上取下卡宾枪，转身就走。我跟在他身后进了我和杨管理员住的宿舍。宿舍里还有三人在等候。他们二话不说，拆卸卡宾枪。一人拿出一架又小又薄的照相机，把卡宾枪的零件一一拍摄下来，一人用游标卡尺测量零件的尺寸，一人趴在桌子上画草图，记尺寸。测绘完卡宾枪，他们用白布单兜起全部零件，让我赶快送到警卫班，让战士们擦枪。随后，我走到大门口，远远看见雪地里开来一辆吉普车。翻译领着那两个美国人来到警卫班，对他俩说了一通英语。意思是：小李开车也太快了，枪从车子上掉下去了，差一点没压坏，你们看，他们还在擦枪呢。卡宾枪在当时是新式武器，自从美国人到延安，我们才见到这种自动步枪。

测绘美军卡宾枪之事后，翻译再三叮嘱我：“没有旁人知道，只有你知道这件事啊！美军观察组到延安的一个主要任务，就是搜集延安党政军的情报。中方获取卡宾枪的情报，是‘来而不往，非礼也’。”

乘美军飞机兜风

从 1944 年 11 月赫尔利访问延安开始，到 1945 年毛泽东赴重庆谈判，美军运输机频繁往返重庆和延安之间。每次运输机抵达和离开延安，我们这些八路军司机都倾巢出动，接送客人和机组人员。

美军飞机的机组人员为了感谢我们的服务，主动邀请观察组中方人员乘飞机去兜风。

飞机像只绿色的大鸟，轻盈地向西飞翔。我们坐在机舱里的铁椅子上，俯身舷窗前。机翼下，黄土高原沟壑纵横，黄河如带，道路如丝，腾格里沙漠如片片鱼鳞。飞机飞过宁夏、甘肃，进入青海后开始返航。

延安机场遥遥在望，美军驾驶员忽然心血来潮，搞了个恶作剧，飞机在空中猛然向下俯冲。我感到自己的舌头像条长虫拼命要钻出口腔。

飞机上有人翻江倒海般地呕吐，还有人尿裤子了。飞机在延安机场停稳后，众人爬下飞机，个个脸色苍白，惊魂未定，“我的妈呀！以后再也不坐飞机了”！

1945 年 8 月 15 日，日本宣布投降。蒋介石借助美国的飞机和军舰运输军队，开始与八路军赛跑，抢先接管东北、华北和华东的城市。中国共产党只借用了一架美军飞机运送自己的将军，这也是无偿供给美国人吃喝的回报吧。

大约是毛泽东去重庆谈判的前几天，那天早晨，我按惯例开吉普车送美军运输机的飞行员去东关机场。气氛与往常不一样，在延安东门就有部队警戒。飞机旁早有一群人等候，吉普车停稳，美军飞行员跳上飞机做飞行准备。我坐在吉普车上看见黄华招呼刘伯承、林彪、陈毅、邓小平、滕代远等十几位军事首长，他们神情严肃，依次登上飞机。

美军飞机的螺旋桨飞速旋转，飞机轻轻地颠簸着掉转机身，机头朝向桥儿沟方向，向前奔驰，随即轻盈地飞上蓝天……

来延安参加中国共产党第七次全国代表大会的军事首长，从空中飞越胡宗南的黄河封锁线，分赴各自的部队。美军飞行员帮了共产党的大忙。

共庆抗战胜利

1945 年 8 月 15 日，日本天皇裕仁在日本国内无线电广播中宣布无条件投降。

那天晚上，我和一名警卫战士正在山上的窝棚里看守即将成熟的西瓜、土豆和山芋，防范獾来糟蹋。这名战士是山西人，随三五九旅西渡黄河，又调到“边司”担任警卫。忽然，延河两岸人声鼎沸，鞭炮声阵阵，许多人举着火把跑来跑去。美军观察组的院子里灯火通明，人们手持卡宾枪对空射击，一串串曳光弹划破夜空。我俩莫名其妙，不知发生了什么事情。我让警卫战士下山去探个究竟，他跑回来告诉我，日本投降了！我们胜利了！我俩兴奋不已，坐在窝棚里憧憬胜利后的日子，一直议论到天明。

“将来我们的部队要不了这么多人了，我们向何处去啊？”

警卫战士说："我要回山西岢岚的老家，向政府要几亩地，买头毛驴，娶个媳妇，美美地过日子。"1946年，我离开延安途经山西岢岚，满目荒山秃岭，黄土地里的麦苗瘦弱稀疏，贫瘠的景象甚于陕北。我那战友念念不忘的故乡竟然如此荒凉！

观察组中美双方人员共庆抗战胜利，举杯畅饮，彻夜狂欢。美国白酒的绿色酒瓶外形近乎中国古代兵器的战锤，洋酒入口，喉咙被高浓度酒精刺激得火烧火燎。我喝了小半瓶的洋白酒，睡了一天一夜。

日本宣布投降后，观察组内的美军朋友陆续离开延安。我也有了新任务，驾驶吉普车去新市场定做各种尺寸和图案的羊毛地毯，作为纪念品赠送给美军官兵。美军人员依军衔的高低，得到大小不等的地毯，一般士兵获赠一对座椅垫。延安的地毯质地厚重，动物图案鲜艳生动。在延安机场，我与美国朋友握手告别。

（本文选自《南方周末》）

一个抗战时期在山东的国际友人

文/李　伟

罗生特

罗生特，1903年1月11日生于奥地利首都维也纳。1923年考入维也纳医科大学，1928年以优异的成绩毕业，并获得医学博士学位。毕业后在维也纳国家医院任外科住院医师，后专攻泌尿科和妇科。

中共特别党员

1937年，第二次世界大战爆发前夕，已是奥地利社会民主党党员的罗生特，参加了反对希特勒法西斯吞并奥地利的民主抗议运动。为此，1938年他被逮捕关押在德国的集中营，后来被纳粹分子勒令出境，和难友威廉·戴克一起远渡重洋来到了中国，渴望自己能为中国人民的抗日战争贡献出一份力量。

罗生特于1941年到达盐城新四军军部，自此开始了住草房、睡草铺、吃杂粮、穿草鞋的艰苦生活。在战斗激烈、炮火连天的环境中，他亲临前线，指挥战场救护，与我根据地军民并肩战斗，生死与共。1942年，党组织根据罗生特的申请和表现，批准罗生特加入了中国共产党，特批为特别党员。

1943年9月，因工作需要，罗生特来到山东临沭县岔河村的八路军山东军区卫生部。从此，罗生特在临沭和莒南与山东军民同甘共苦，并肩战斗了八百多个日日夜夜，给当地成千上万的人民群众治过病，挽救了无数生命，与山东人民结下了深厚情谊。

为了罗荣桓政委的健康

1943年秋，山东军区司令员兼政委罗荣桓血尿症复发，罗生特被派到山东为罗政委治病。刚到山东的一段时间，罗生特的主要任务是给罗荣桓治病。罗荣桓当时是中共山东分局书记，山东军区司令员、政委，一一五师代师长、政委，五大要职集于一身，他的身体健康事关战事大局。罗生特到达山东的当天，不顾旅途劳累，立即去看望病重的罗荣桓政委。

第二天，罗生特为罗荣桓做了膀胱镜和输尿管导管检查，发现右侧导管流出来的是血尿，左侧导管流出来的是正常尿液。确定疾病在右肾，当即对症治疗。罗生特和医疗组的同志轮流做特护，周密观察病情的变化，一天几次到司令部为罗荣桓随诊。罗政委在罗生特的精心治疗和护理下，几天时间里血尿就奇迹般地消失了，从而保证了罗荣桓病情平稳，不发展、不恶化，能够坚持工作，使山东的抗日战争不断夺取一个又一个胜利。军区首长和卫生部的领导，对罗生特的高超医术赞叹不已。

抗战时期，刘少奇（左一）、陈毅（右一）与奥地利医生罗生特在盐城合影

培养“八路医生”

1943年秋至初冬，山东军区任命罗生特担任军区卫生部顾问。从此，罗生特积极参与了山东军区卫生部的领导工作和附属所的临床医疗以及卫生学校的教学工作。针对当时部队中医务工作者大都没有受过专业训练，医疗水平较差的现象，在罗生特的积极倡议下，军区卫生部创办了卫生学校，并主动担负起卫校第一、二期的教学工作，将自己的知识和技术传授给战士，为部队培养了大量军医。

卫校在莒南县陈家老窝，罗生特则随卫生部经常转移。但不管离卫校多远，不管刮风下雨，只要有他的课，他都按时来上课。由于语言不通，只好通过翻译，再加上各种手势。他一边讲，一边观察学员们的表情，看是否真正领会了教学内容。他重视实践，在临床实习中，教学员如何从皮肤的消毒、切开、止血、缝合、包扎等基本技术做起。他所讲授的内容有生殖系统疾病、关节疾病、战地救护、外科手术、临床护理等。

在莒南县陈家老窝村，他还亲自设计，由卫生部组织施工，建立起了一所占地六十多亩、有近百间房屋的战时医院。医院设有内科、外科、妇科、手术室、化验室等，成为山东根据地一所比较正规的战时医院。当时，百姓称这家医院为“罗生特医院”。

施医老百姓

罗生特医术高明，精通内科、外科、妇科、泌尿科，而且医德高尚。他在苏北的几年时间，不仅为罗荣桓和战士们治病，还为当地老百姓治病。他经常说：“医生不能坐在家里等病人，要到群众家中发现病人，解决痛苦。这样，才能被人民叫作医生。医生的天职就是治病，无论何时何地，只要有患者，你就得为他们治病。即使你有病但还能动，对患者就没有拒绝的权利。”一段时间，当地流行黑热病（俗称大肚子病），这在当时是一种不治之症。罗生特凭着自己的高超医术，为不少农民治好了这种病。他在给当地农民治病时，还十分尊重当地群众的风俗。凡来求医的女性，他都首先问一下病人的婚姻状况，只要是未结婚的，他一般不做检查。

1944年8月3日出版的《大众日报》，还专门报道了罗生特为群众治病的事迹，报道中说：“山东军区卫生部附属所半年来平均每天给十几个老百姓治病。国际友人罗大夫很和蔼地给老百姓开刀……一个大姐患眼疾，经数日治好，大姐和她母亲感激得不知说什么好。”

“解放”妇女同志

战争年代的女同志不仅要工作、战斗，还要生儿育女带孩子。有的往往要挺着个大肚子行军作战，很不方便。生下的孩子没法带在身边，就寄养在老乡家里。因此，结过婚的女同志都十分希望中止妊娠，少生孩子。罗生特来山东后，真正使一些妇女同志在这方面获得了解放。

罗生特给许多女同志做过人工流产手术，手术时，他态度和蔼，总是亲切地问：“同志，痛吗？”对已婚女同志，他还劝其避孕，对生了孩子的同志主张绝育。他说，这样对工作、对个人都有好处。

为了做妇科检查，罗生特因陋就简，自己设计制造了一种可以调整的半躺式床架，还用几块银圆打了扩张器。

山东“情结”

罗生特是个洋博士，大知识分子，又是国际友人，但他生活十分简朴，吃、穿、住从不计较。罗生特开始不习惯吃山东的煎饼卷大葱，有时军区首长派人给他送一些战利品，如大米、香烟、咖啡等，对此他又感激又埋怨，往往说：“中国人太好客了，但我不是客人，我是八路军战士呀！你们能行，我也能行。”有时还边吃煎饼大葱边风趣地说：“这个东西原来也蛮好吃的！”

在山东工作，使罗生特对这里产生了深厚的感情。在做好卫生工作的同时，罗生特还撰写文章在刊物和报纸上发表。他曾写过一篇《山东印象记》，刊发于 1944 年 12 月 7 日的《大众日报》。后来他还写过一篇《山东的冬天》，刊发于 1945 年 1 月 5 日的《大众日报》，文中写道：“雪是无声无息降落着，蔽盖着马鞍山无数英雄坟墓，无数的同日本法西斯战争牺牲的中华民族优秀的儿女们和中国革命的英雄们埋葬在这里。怒吼的寒风在雪白的烈士墓中吹送着：复仇！向胜利前进！”

1945 年日本投降后，罗生特随罗荣桓率领的部队北上，并被任命为东北民主联军总卫生部顾问。他经常深入所属军队医院，了解工作，解决疑难病症，进行战伤处理，做学术报告等。

1949 年 11 月，罗生特带着战斗的风尘，带着中国共产党和中国人民的深情厚谊和美好祝愿，回到奥地利。1952 年，罗生特因劳累过度在以色列突发心脏病不幸逝世。

（本文选自《大众日报》）

抗战故事：一个英国人与双石铺的情结

文/曲　歌

彩色绚丽的生命啊，光辉而又温暖
为了它，人们一直奋发向前
他已逝去，从此不再奋战
在战斗中逝者的生命，却更加光辉灿烂

这是国际友人路易·艾黎亲手为一位英国青年——乔治·何克所立的墓碑上，刻着的他所喜欢的英国诗人朱利安·格伦费尔写的一首诗。但在陕西秦岭腹地的宝鸡市凤县，工合与路易·艾黎和乔治·何克却成为人们心中不灭的记忆，这是因为工合与路易·艾黎和乔治·何克与凤县双石铺有着难解之缘。

古镇双石铺与工合

双石铺是古凤州（现在称凤县）的一个小镇，北魏称困冢川，北宋称方石镇，明、清称方石铺。据说是因老街的嘉陵江岸，一石“双峰逼水依土”，历年江水暴涨未被淹没，被人们视为镇水护岸之石，故得此名。民国时改称为双石铺，现为陕西凤县县城。由于它地处陕、甘、川的咽喉地带，战略地位十分突出，七七事变后，军政机关如经济部、财政部、军政部及省、区、县等三十个单位在这里设立了派出机构，并设有军事委员会宝（鸡）双（石铺）段轻便铁道双石铺车站、国际招待所等，使双石铺成为西北战略重镇，也是沦陷区难民云集的地方，而它的一度繁华和引人注目的重要原因之一，就是工合在双石铺的发展。

培黎学校校长——乔治·何克

据有关资料介绍，乔治·何克1915年生于英国哈本登一个中产阶级家庭，幼时曾在瑞士上学。1937年毕业于牛津大学，获文学学士学位。其后离开英国进行环球旅行，于1938年初抵达上海。在中国，他耳闻目睹了日军的罪行后十分震惊。

乔治·何克与聂荣臻在一起

他跟姑姑说“我不能丢下这些人”，决定留华考察中国社会。他以美国合众社自由撰稿记者的身份，在武汉八路军办事处的安排下，去延安和晋察冀边区采访，会见了朱德和聂荣臻。1938年初夏，美国女记者史沫特莱在汉口把乔治·何克介绍给了路易·艾黎。艾黎告诉他，自己正在搞工合运动，工合组织的西北总部设在陕西宝鸡，如愿参与，可以到宝鸡去找工合主任报到。接受过他采访的聂荣臻司令员和朱德总司令也鼓励他与艾黎合作。

1940年初的一天，乔治·何克来到工合宝鸡办事处，不久后又被路易·艾黎选中担任双石铺工合培黎工艺学校的校长。路易·艾黎亲自领导的工合，在大力发展工业的同时，十分重视教育，在培黎工艺学校创办前，工合在双石铺就先后举办过社员训练班、妇女纺织训练班和工合夜校、工合小学等。当时，文章《工合运动在双石铺》写道：

工合小学是配合着工合运动，适应环境需要而产生的，它若刚诞生的婴儿，一切需要人们的培植。现在校址暂借大中华造纸社礼堂，内部设施很简单，但学生的思想态度、歌声语调，则具有一种与众不同的精神，能使人一望而知是工合小学的学生。

“培黎”这个名字，是为了纪念美国传教士约瑟夫·培黎而起的。约瑟夫·培黎从 1891 年开始一直留在中国，一手创办了南京大学农学院。艾黎跟他是老相识，很赞赏他提出的“中国农村需要技术培训”的观点。约瑟夫·培黎死后，艾黎先后在兰州、洛阳、双石铺和成都等地开办了多所培黎学校，专门招收出身贫苦的农家子弟，教他们学知识、学技术，向工合组织输送技术人才。新编《凤县志》记载：“培黎学校设在双石铺曲家店（今武装部），学生的衣、食、住由学校供给。学生多为沦陷区逃出的青年和当地贫苦人家的子女。学校经费由国际工合协会资助。学校的座右铭是‘创造、分析、理论联系实际’。学生为半工半读，在校学习文化、理论、管理，在厂、社进行实习和技术操作，亦工亦学。”

双石铺老人的回忆

双石铺的老人们至今仍记忆犹新，每天清早，何克便带领着几十个培黎学校的学生跑步来到嘉陵江边，先是洗脸、做操。七十七岁的柏汉杰说：“那时候，培黎学校的学生并不像我们这里人那样全家用一条毛巾，而是每人都有自己的毛巾。我们还看到，无论冬天还是大热天，何克经常就跳到嘉陵江洗澡和游泳。学生们也叫着、笑着向他撩水，大家都无拘无束。天气热的时候，何克与学生们到河里洗澡、游泳，还互相‘打水仗’，更是活泼热闹。”八十多岁的索照补充说：“当时双石铺人还十分封建，看到何克和培黎学校学生不分男女在河里洗澡、游泳，都感到惊讶，成为大家议论的话题。”当年在双石铺培黎学校上学的人还清楚地记着，何克不仅担任校长，还负责学生的英语教学，平时还带着学生们打篮球，常常给大家表演“三步上篮”或“反手上篮”。闲暇时，何克爱教孩子们唱歌，既有他搜集来的民间小调，又有他从边区学到的革命歌曲，甚至还有他自编自创的儿歌。而何克最爱唱的是那首《淡淡的三月天》——

淡淡的三月天，
杜鹃花开在山坡上，
杜鹃花开在小溪旁，
多美丽啊，
像春天的小姑娘来到山坡上。
采下一朵鲜红的杜鹃，
遥望烽火的天边。
哥哥你打胜仗回来，
我把杜鹃花插在你的胸前……

“有段时间我未精心照管他们，后来我在他们的一件衬衣上找到了七十四只虱子，还有一些未抓尽的，我把衬衣烧了，给他们每人买了两件新衬衣和两条新裤子。上次我又做了检查，在一大堆衣服中只发现了三只跳蚤，我这个当父亲的也感到自豪。”这是何克写给母亲信中的一段话。这个年轻而未婚的英国青年，却收养了四个中国孩子——聂广淳、聂广涵、聂广涛、聂广沛，至今被传为佳话。《凤县志·民国时期资料汇编》中记道：“艾黎、何克还收养了共产党的四个遗孤，尽管工作很忙，却把孩子的生活照顾得很好。”在聂广涛眼中，何克是个难得的好父亲。他穿背带式工服和草鞋，讲一口地道的中国话，喂自己吃鸡蛋、羊奶，给自己洗澡、理发、添新衣服，兴致来时，还会抱起自己放到腿上颠上颠下。

而双石铺老人柏汉杰当年与何克收养的四个孩子之一的聂广涛十分要好，他回忆道：“每天早晨，聂广涛就在我家的窑背上喊‘汉杰，汉杰，上学走’，我就跟上聂广涛到‘工合’学校。”

当时，工合学校的教学比当地的学校先进，不少学生最惧怕挨当地学校先生的板子。可是，习惯了旧教育模式的家长们仍倾向于让自己的孩子到当地学校读书。所以，柏汉杰便对双石铺培黎学校的生活和路易·艾黎、乔治·何克有了较多的了解。柏汉杰向笔者讲述了这样一段难忘的经历：

一年收麦时节，他给在地里干活的人送茶水时，脸部不幸被严重烫伤，被聂广涛送到何克那里治疗。开始，奶奶给他送饭，何克便和气地说：“老人家，你的孙子到我们这里，一切你都不要操心。”何克不仅关心他的生活，让聂广涛陪着他，还经常来看他，询问他的病情。一次，何克正在看他吃炒鸡蛋，被来看他的奶奶见到，奶奶便说：“娃娃烫伤了，咋敢叫吃鸡蛋，鸡蛋可是发物。”何克笑道：“老人家，那是你们中医的讲法，用西药不怕的。”在何克和好朋友聂广涛的关照下，柏汉杰的烫伤得到很好的治疗，未留下丝毫伤痕。

当时，路易·艾黎担负着发展工合的更大任务，培黎学校的担子几乎压在了何克身上。学校教务、学生的吃喝拉撒，全靠他一个人操心。为此，何克常常骑着一辆破自行车往返于双石铺和宝鸡之间。有时经费不到位，实在揭不开锅，他又不得不到镇上粮店去赊粮食。“他努力学习，只两年时间，中国语已说得非常流利。他性情活跃，心胸开朗，平易近人，工作热情……他经常说，他如参加政党的话，一定参加共产党。”（《凤县志·民国时期资料汇编》）这样的评价，是何克用自己的行动赢得的。

正是由于路易·艾黎和乔治·何克以及许多工合的人有这样的追求与向往，抗

日战争后期，工合西北办事处就有三十六名干部遭到逮捕，艾黎感到“不可能再在秦岭的双石铺工作下去了”。1944 年秋，路易・艾黎决定将培黎学校迁至甘肃山丹县。

1945 年夏，何克在打篮球的时候弄伤了手指，不幸染上了破伤风。7 月 22 日，年仅三十岁的何克停止了呼吸。他在临终前写下了“把我的一切献给培黎学校”。

正如路易・艾黎所说：“在抗战的漫长岁月里，对于乔治・何克来说是度过了整整一生。由中国革命的鲜血和激情浇灌的一棵幼小树苗，长成了坚实的大树……”“他是出于对中国革命的信念而捐躯的……他是中国人民和英国人民之间的纽带，他的英名永存。”

（本文选自凯风网）

王安娜——打通物资运输线

文 / 管克江

纳粹暴政下的正义斗士、中国外交家的革命伴侣、支持抗战的八路军少校、宋庆龄的得力助手——集这些身份于一身的，是中国人民的老朋友、已故德国友人王安娜。

王安娜，原名安娜利泽·施瓦茨，1907 年生于德国西普鲁士。青年时代在柏林大学攻读历史和语言学，获得哲学博士学位。1931 年起她参与反对希特勒法西斯主义的活动，两次被捕。1935 年她同中国留学生王炳南结成伴侣，并起中文名王安娜。1936 年，她随王炳南回到中国。

王炳南的父亲和西北名将杨虎城有歃血之交。回到故乡西安，王炳南积极交往各方人士，做杨虎城的统战工作。王安娜则勤奋学习中文，熟悉中国环境。不久，王炳南夫妇应杨虎城之邀前往上海，在那里王安娜生下儿子王黎明。她后来在回忆录《嫁给革命的中国》中说，“黎明”预示着新时代的开始，而这正是他们的希望。

1942 年，王安娜与周恩来、王炳南、龚澎在重庆

1936 年 12 月，西安事变爆发。王安娜决定带着两个月大的儿子，去西安寻找先期返回的王炳南。在那里她目睹了中国人民的抗日决心：“我在市中心古老的鼓楼上看到士兵、学生和工人的队伍，浩浩荡荡。无数农民握着旧式步枪和传统的红缨枪，组成了威

武雄壮的队伍，正在通过城门向前行进，星星之火一经点燃，顿时燃成熊熊火焰，这是值得惊叹的！”

抗战全面爆发后，王安娜更加热情地投入支援抗战的工作。她以中国红十字会工作人员等身份，负责对伤员和难民的救援活动。王安娜还参加了一个宣传委员会，向在中国的外国人以及海外进行有利于中国的宣传。她撰写的德文宣传册《外国人眼中的中国兵》最初在上海发行，上海被占领后，宣传机构迁到汉口，又出版了英文版。在汉口，她又写了第二本小册子《日军对上海工业的破坏》。王安娜广泛进行的抗战宣传工作，得到了周恩来很高的评价。

1938 年 12 月，王安娜接到周恩来亲口交代的特殊任务：“……前几天，运往西北去的大量医药用品、野战医院的设备和 X 光透视机，已经运抵香港的保卫中国同盟。这些物资现在全部要经过印度支那（现为越南一带），装船的话太慢了……因此，我想请你到香港和上海去，多少帮帮孙夫人（宋庆龄）的忙。如果你能接受这个任务，那我们太高兴了。”

因为战争，越南海防港口堆积了大量需要运到中国的货物。海防港的法国海关官员原本悠闲的日子突然变得忙碌起来，于是他们把满腹牢骚迁怒于中国人，在关口故意刁难。王安娜以保卫中国同盟代表的身份到达海防港海关，由于她会说法语，海关官员态度立刻发生转变。当听说王安娜会讲德语时，那些来自阿尔萨斯地区会说德语的法国人态度更加亲切起来。于是，王安娜的所有行李都顺利地盖上了通行印记。次日，她带领保卫中国同盟的物资车队取道河内前往中国。王安娜一到龙州，就接到八路军办事处的电报，要她立即返回海防，又到了一批新货物。此后几周，王安娜频繁地往返于海防、东丹至龙州一线，给保卫中国同盟和八路军护送物资，她也成为中越边境知名的“王太太”。

王安娜虽然不是共产党人，但她为中国抗战所作的贡献不可磨灭。

她的儿子王黎明说，1989 年母亲去世后，他发现了宋庆龄几十年来写给母亲的数百封信，其中许多具有重要史料价值。仔细阅读这些信件和母亲的回忆录，他越发敬重和爱戴自己的母亲，也深深为革命先辈的理想信念和无私胸怀所感动。

（本文选自《人民日报》，有删减）

路易·艾黎：一位新西兰人的抗日情缘

文 / 聂广涛

甘肃河西走廊中部的山丹县城南，在绿树环抱的陵园中，有两座并排的陵墓，艾黎、何克的名字镌刻在黑色大理石墓碑上。他们就是在抗日战争的特殊环境中，救助并抚育我成长的异国养父。

路易·艾黎是新西兰人，乔治·何克是英国人。日军发动的侵略战争，摧毁了我的家，我成了无家可归的孤儿，正是他们的救助和抚养，才使我得以生存下来，并且长大成人。三个国家一家人的特殊家庭，所谱写的动人故事，闪耀着国际主义的灿烂光辉，将为世人所铭记。

搞工合运动，甘做“中国头号白人苦力”

1927年4月，路易·艾黎从新西兰来到中国，到1937年抗日战争全面爆发，他已经在中国生活、工作了十年。这期间，他先在上海公共租界工部局消防处任督察，两年后，担任工厂安全督察长。1932年，在上海的美国人史沫特莱女士介绍艾黎与宋庆龄相识。在宋庆龄的倡导下，艾黎组建了外国人第一个马克思主义学习小组，参加这个小组的人有史沫特莱、斯诺、马海德等。通过学习，他们都以不同的方式，投身到中国革命和抗日斗争中，并且成为人所共知的著名国际友人。

路易·艾黎

开展工业合作运动，支援抗日斗争，是艾黎抗日活动的大手笔。1937年8月，日本侵略军占

领了上海，工厂遭到了极大的破坏，工人失业，流离失所。当时全国工业的绝大部分都集中在沪宁杭地区，一旦被敌人占领，中国的抗战就面临着更大的困难。因此，转移、疏散工厂，组建新的适应战时的工业合作社，成为迫在眉睫的事情。在宋庆龄、周恩来等人的支持下，中国工业合作协会（简称工合）于1938年8月在武汉成立。孔祥熙任理事长，艾黎为负责“工合”事务的技术专家。

1938年10月武汉沦陷前，艾黎组织把武汉六十四家企业搬到了宝鸡。由于毗邻西安、延安，西迁到这里的企业能够重新复工生产，不仅为持久抗战保存了工业设施，还安置了大批失业工人。这些企业所生产的棉纱、布、军毯在支援抗战中，都发挥了积极的作用。

工合成立后，相继在洛阳、宝鸡、成都、赣州建立了办事处，分别负责中原、西北、西南、东南地区的工业合作社的组建和运行。合作社的口号是“努力干、一起干”。兴办了机械、化工、面粉、造纸、纺织、被服、印刷、炼铁等小厂。由于它的规模不大，技术含量相对不高，加上投资小、见效快的特点，便于避开敌人的轰炸而免遭破坏，很适合于隐蔽、转移。它所生产、制造的产品，品种繁多，涵盖民用、军需的许多方面。工合事业由于适应战时需要，最初得以迅速发展。到1940年10月，短短两年时间，已在全国十六个省建立了两千四百多个各类合作社，从业人口约两万人。

艾黎曾三次到延安访问，工合事业得到毛主席的肯定，并欢迎在八路军和新四军的地区，建立各种合作社。这样，工合就成了既能够在共产党的抗日根据地，又能在国民党统治区域存在和发展的组织，十分有利于全面抗战。在当时通信、交通设施都很落后的情况下，艾黎跑遍了中国大部分地区，行程两万四千多公里，乘火车，搭汽车，骑马，许多时候还只能骑自行车。他不畏艰险，以惊人的毅力，克服无数的困难，清楚地了解到各地的真实、具体的情况，从而采取有效的措施，把来自世界各地的捐款、物资调拨到最需要的地方去，使其在抗日战争中，发挥更大的作用。

创办学校，为抗日救国培养人才

工合事业的发展，始终是国民党官僚的一块心病。艾黎于1942年被撤销工合技术专家的职务，被赶出了工合总部。但他是一个不屈不挠的人。在被撤销职务后，他把工作的重点转移到培训技术和管理人才方面。创办培黎学校，培养人才，是他在抗战后期具有战略意义的壮举，为世人所称颂。

1942年，艾黎把任西北工合秘书的英国人乔治·何克，调到位于秦岭南部的小镇双石铺，担任培黎学校的校长。何克是英国人，1937 年于牛津大学毕业，同年来到中国。先在上海，后去延安、武汉。他目睹侵华日军的累累罪行，实在忍无可忍，决心留在中国，揭露侵华日军残杀中国人民的侵略事实，参与中国人民的抗日斗争。

何克到任培黎学校校长后，陆续招收了六十余名贫苦家庭和战争难民的子弟入学。他利用嘉陵江的水作动力，兴修纺织厂、机械厂，亲自带领学生、工人一起干，丝毫没有英国绅士的影子。到 1944 年，学校初具规模，逐步完善了半工半读的教学秩序。他既是校长，又是老师。校内常常传出欢乐、雄壮的抗日歌曲，学校办得生机勃勃。

路易·艾黎与培黎学校成员

收养孤儿，细心关爱但从不娇惯

1941 年春，在宝鸡西北工合内部，掀起了一股排挤、打击、迫害进步人士的逆流，搜查缉捕共产党员，是他们最阴险、最毒辣的阴谋。我的父亲聂长林当时也在宝鸡工合，从事党的地下工作。当组织上得知他已经被列入被缉捕名单时，立即决定调他离开宝鸡，先去中条山木炭合作社暂时躲避，等待时机途经洛阳，再去晋东南。因此，我的父亲连夜离家出走，根本顾不了安置家里的一切。三个月后，他在洛阳等待过河证件，准备渡过黄河去晋东南抗日根据地时，遇到从那里刚刚回来不久的何克。何克答应关照父亲的家人：四个年幼男孩子和他们的妈妈。回到宝鸡后，何克就把我的两个哥哥带回双石铺，成了培黎学校早期的学生。

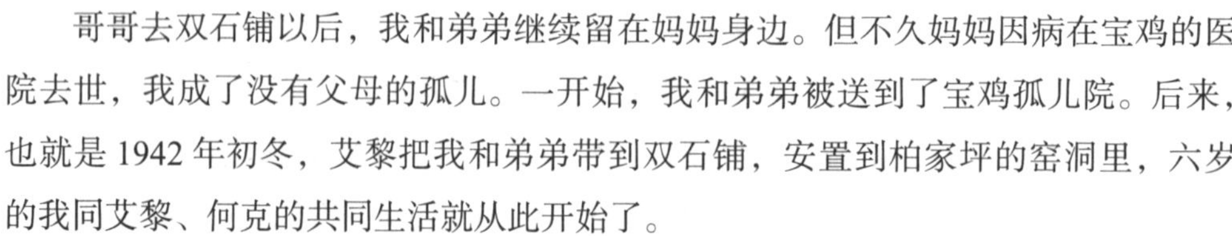

哥哥去双石铺以后，我和弟弟继续留在妈妈身边。但不久妈妈因病在宝鸡的医院去世，我成了没有父母的孤儿。一开始，我和弟弟被送到了宝鸡孤儿院。后来，也就是 1942 年初冬，艾黎把我和弟弟带到双石铺，安置到柏家坪的窑洞里，六岁的我同艾黎、何克的共同生活就从此开始了。

何克和艾黎特意买了一只羊，把产羔后的羊奶给我喝，为我补充营养。他们害怕我寂寞，还买了两只兔子，供我逗着玩，还弄来一只黄狗，天天摇着尾巴陪着我。艾黎、何克晚上回来，常常把我抱在他们的大腿上，给我讲故事，教我学算

术、看表上的钟点，教我学习简单的英语会话。因为我太小，还不能在培黎学校上学，他们就送我去上小学。双石铺这个温馨的家，给我留下了极为深刻的印象，脑海里储存着许多童年美好的回忆。

在这里，在抗战的特殊时期，我享受了两个外国人赋予我的关爱。这种在特殊环境中，汇聚而成的特殊的家，可以说在世界上也是独一无二的。其实，不只是我，当时还有包括我的两个哥哥在内的其他多名战争孤儿，生活在他们所办的培黎学校中。随着战局的变化，为了保护这些孩子不受战争的侵扰，学校于 1944 年底开始往甘肃山丹县搬迁。1945 年春天，学生老师和设备全部搬迁完毕。何克亲自带领学生将废弃的庙宇，修建改造成为教室、宿舍、实验车间。教学秩序很快恢复正常。他远离故土身居异乡，久别英国亲人，却在中国找到了他为之奋斗的正义事业。为了弥补办学经费的不足，他把家里寄给他的钱都捐助给学校。很可惜，他没能亲眼看到抗战胜利这一天！一场突如其来的破伤风向他袭来，由于医疗条件有限，没有得到有效的治疗，他在 1945 年 7 月 22 日永远地离开了人世。临终前，艾黎守候在他的身边。他要来笔和纸，写下了“把我的一切献给培黎学校”。那时何克年仅三十岁。

艾黎在自传里这样写道：“何克临死前要求我照看这几个孩子，我就把他们接过来了。老大和老二住在学校的宿舍里，两个小的——老三和老四一直跟我住在擂台，直到解放。”何克逝世后，艾黎身上的担子更重了，他把全部的精力花在山丹办学上。他不仅要设法搞办学经费，增添教学设备，聘请中外教师，还要亲自教学上课，教授英文、机械原理、农机运用等课程，还要照顾我们几个孩子的饮食起居，包括给我的弟弟晾晒尿床后的被褥。他十分辛苦！学校搬到山丹后，我们身边还多了几位小伙伴。除了我和弟弟外，还有张维善、房元德。报刊上常见的艾黎同四个孩子，就是我们这四个人。艾黎疼爱我们，但从不娇惯我们。扫地、烧炕，都是我们必须动手做的事情。除了上文化课以外，每人也和其他同学一样，去实习组劳动。我先去了纺织组，后转到机械组，弟弟去织袜组、纽扣组。这样每人至少要学会两种技术。

谆谆教诲：“回去后，不要当少爷！”

中华人民共和国成立后，失散多年的父亲通过组织找到了我们，要求我们回东北，艾黎只好忍痛割爱，送我们回老家团圆。在北京，艾黎亲自到当时的前门火车站，送我们回老家。车就要开了，还舍不得离去。临别既不是拥抱，也不是握手，他拍了我一把，语重心长地说：“回去后，不要当少爷！”眼里充满泪水。至今，好几十年过去了，此情此景依旧是那么清晰，我记住了他的临别赠言。我理解，革命胜利了，昔日的孤儿，一下子变成了“干部子弟”，在众人面前，似乎与众不同，表现出干部家庭的优越感，这样，弄不好就会在长大成人后，变成骑在人民头上作威作福的官老爷。这是他极其厌恶，极为担心的事。

我们聂家兄弟四人回到东北以后，艾黎不得不忍受失去我们的寂寞和痛苦。值得庆幸的是，我的二哥和四弟后来都在北京工作，在艾黎晚年的时候，我的哥哥和弟弟在周末常常带着孩子去看望他，使他享受到老年人儿孙绕膝的天伦之乐。弟弟还被破格批准，照顾他的起居，天天下班后，陪伴在他的身边。

（本文选自参考消息网）

巴苏华：恒河仁医援华抗日

文 / 蔡计锁　孟　然

巴苏华，1912 年出生于印度达卡（现属于孟加拉国），1938 年与柯棣华等人组建医疗队来华援助抗日。他不避艰险、跋山涉水，在抗日战场追寻白求恩的足迹，奋不顾身、救死扶伤，为抗战作出了卓越贡献。

在华期间，他以日记的形式记录了大量抗战史实，还拍摄了五百余张照片，为这段历史留下了宝贵的资料。

巴苏华于 1943 年返回印度，成为医疗队中在华工作时间最长的医生。此后数十年里，他始终高擎中印友好的大旗振臂疾呼，对改善两国关系，他曾起到“先驱者的不可磨灭的作用”。他也是将中国的针灸传至印度的第一人。

冲破险阻，二十六岁的印度医生要到延安去

1938 年 9 月 11 日，经历了十天的航行以后，一艘轮船穿越印度洋来到中国南海。伴随着轮船的低鸣和微微的颤动，一位印度青年在甲板上静坐看书——《红星照耀中国》（又名《西行漫记》）美国记者埃德加·斯诺对中国共产党及其领导的红军的采访录——成了他漫长旅途中的“亲密伙伴”。伟大的革命领袖、英勇的红军战士、史诗般的万里长征、朝气蓬勃的革命根据地，深深地吸引着这名年仅二十六岁的印度医生——巴苏华。

青年时期的巴苏华

巴苏华，全名比乔埃·库马尔·巴苏，1912 年出生于印度达卡，1936 年毕业于加尔各答医学院。

1937 年，日本发动了全面侵华战争，印度国大党响应朱德总司令的呼吁，在印度国内进行各种声援活动，并决定组织援华医疗队奔赴中国。消息传到加尔各答，巴苏华积极报名，最终入选。

风华正茂的年纪，义无反顾的远征。

柯棣华（左一）、巴苏华（左三）与八路军医院的一位指挥员合影

当时，巴苏华与妻子英迪拉尚处于新婚蜜月期，巴苏华担心英迪拉反对，一直隐瞒着她，直到临行前才写信给妻子，向她表明了要去为中国人民服务的决心，并保证一年之后服务期满就回印度。

而巴苏华和英迪拉都没有想到，新婚一别竟五年未见。

当时与他一同入选的还有爱德、卓克、柯棣尼斯和木克吉，爱德尔任医疗队队长。

印度援华医疗队抵达广州之后，受到了时任保卫中国同盟主席宋庆龄等人的欢迎。按照国大党的安排，他们应在国统区从事医疗救助工作。

“遍地残垣断壁，除了死尸之外不见一人。尸体的腐臭味和浓烈的烟熏味充斥空间。几条丧家之犬夹着尾巴到处闻嗅。”医疗队辗转长沙、武汉、宜昌、重庆等地，目睹了侵华日军一日数次对平民的无差别轰炸，惨绝人寰的暴行令巴苏华愤懑不已。他急切地想帮助这个灾难深重的国家，然而国民党的消极抗战令他深感失望。

《巴苏日记》记录了他们在战时陪都重庆的各种宴会活动。“这种被迫的悠闲刺痛着我们的良心，在这忙乱不堪的陪都，我们难道只是观光者吗？”此时，参加中国共产党领导的敌后抗战成为巴苏华一行共同的目标。

他们的请求遭到国民党的层层阻挠，不发通行证、不安排北上交通，在印度援华的救护车运抵重庆之后，甚至扣下汽油加以阻止。

“每个人都已决心要和共产党、八路军一道工作。”《巴苏日记》记录，巴苏华

一行一边与国民党周旋，一边坚持爬山以增强体力。尽管山路崎岖难行，他们又经常迷路，可没一个人抱怨，因为他们知道要与八路军一起工作，就必须尽快掌握在山路上行军百里的本领。

在重庆，医疗队队员请中印文化协会主席谭云山为他们每个人起一个中国名字。谭云山提议："我在你们每人名字后面加上'华'字，意为中华，表明你们热爱中国。"从此，五位队员都有了以后广为人知的中国名字——爱德华、柯棣华、卓克华、木克华和巴苏华，而他们的人生也自此与中华民族紧紧相依。

经历了重重困难，1939 年 2 月，"五华"终于经西安抵达延安。巴苏华的激动之情跃然纸上："我们看见北面远远的一座山顶上耸立着一座宝塔。呵，这就是延安！"

爱倾军民，精湛医术让一位战士重见光明

"我们吃的是小米，拿的是步枪，但坚信能够抗击军事强大的日本。"毛主席这句著名的抗战宣言，诞生于一次"国宴"。这次"国宴"吃的是蘑菇、竹笋、白菜、小米，而毛主席宴请的客人就是刚到延安不久的"五华"一行。

1939 年 3 月 15 日，与毛泽东的"历史性会见"令巴苏华终生难忘。他在日记里写道："他是一位博古通今、坚定勇敢的革命领袖。任何一个国家都会为有像毛泽东这样的领袖而感到自豪。"

巴苏华担任了拐峁八路军模范医院五官科医生，他上午查病房，给伤员进行治疗；中午，借着一天中最明亮的日光做外科手术；下午到门诊室为战士和老乡看病。医疗工作之余还要设计、修改医院扩建设计方案，巴苏华还主动与大家一起挖土、刷墙，不辞辛苦。

在边区，巴苏华的医德与医术闻名遐迩。

一次，一位在前线被炮弹炸瞎了眼睛的战士前来求治。巴苏华仔细检查后发现，该战士一只眼睛已经无法复明，但另一只还有一线希望。这个手术需要极精细的器械，医院无法提供，巴苏华便根据手术要求用竹子制作了一个精细的竹片，可还要找到一把锐利且称手的小剪刀，用以剪掉坏死的角膜组织。正巧他发现一个大夫正在用一把小剪子剪胡子，巴苏华上去抢过剪刀，高兴地喊起来："太好了！太好了！"他就是用这把小剪刀和自制的器械，以精湛的医术使这个战士重见光明。从此，巴苏华被延安军民称为"从印度来的神医"。

在与巴苏华一同工作过的另一位国际友人马海德所写的纪念文章中，还有这样一个故事。

巴苏华所住窑洞附近，有一个男孩总是背对着行人玩耍，唯恐别人看到他的脸。巴苏华发现后感到很好奇，他努力接近这个孩子，终于发现了其中的缘由——孩子是兔唇。巴苏华便产生了为他做手术的想法。

然而，当时延安的医疗条件很差，想做一个面部大手术很不容易。经过努力，巴苏华的妙手仁心最终打败了现实，手术做得非常成功。这个男孩儿的模样完全变了，性格也开朗了。孩子的母亲感动万分地说："现在我的儿子能够娶到媳妇儿了。"简单的一句话，饱含着一个中国母亲无尽的感激之情。

勇赴前线，枪林弹雨中冒死救治二百五十多名伤员

在华北军区烈士陵园里，白求恩纪念碑与巴苏华大夫的墓碑遥相呼应。张松青带我们来到白求恩纪念碑前，指着一张照片说："这是白求恩发明的'卢沟桥'，也是巴苏华和柯棣华在前线的移动手术室。"

1939 年 11 月 12 日，白求恩因抢救伤员感染中毒而牺牲。得知这一消息时，巴苏华和柯棣华正在从延安奔赴华北抗战前线的路上。

"按照白求恩大夫的教导，医生不能在医院坐等伤员上门。由于缺乏必要的交通工具，伤员往往因为送医晚了引起严重感染和失血，并导致死亡，所以应该到前线去抢救伤员。"巴苏华追寻着白求恩的脚步，从延安出发，经西安、潼关、渑池，渡黄河，翻越崇山峻岭，冒着生命危险穿过敌人封锁线，历时一个月，于 12 月 21 日到达山西武乡王家峪八路军总部，受到了朱德总司令的热情欢迎。

到达总部不久，巴苏华和柯棣华就投入紧张的战地医护工作。他们随八路军一二九师七七一团参加了激烈的洪水战斗。在战斗中，他们担负起紧急繁重的抢救任务。为及时有效地做好战场抢救工作，他们帮助部队组织流动的医疗小分队。他俩也在前线设立起救护所，对从火线下来的伤员进行及时治疗。

炮弹一颗又一颗地落在救护所附近，震耳欲聋，连手术台的屋顶都被震得唰唰落土。战士们担心他们的安全，劝他们把救护所搬远一些，他们摇头拒绝。巴苏华说："白求恩大夫就是这样做的！"柯棣华同样坚决："为什么叫我下去，如果我不能和你们同生死，就不配在八路军里工作！"

在战斗中，他们两天两夜没有休息，眼睛都熬红了，两人合作为八十多名伤员做了急救手术。

近一个月的相处，巴苏华同七七一团的官兵建立起深厚的战斗友谊，他在日记中说："我们永远也不会忘记在团里的生活……全团上至军官、下至士兵，都有很高的政治觉悟，使我们从未感到是在异国他乡，这是何等真挚的友谊啊。"1940 年 8

月，百团大战硝烟起。此时，巴苏华和柯棣华正在河北唐县军区白求恩卫生学校与附属医院传道授业、治病救人。

9 月，巴苏华和柯棣华受到聂荣臻司令员的指派，参加了百团大战第二阶段中的涞（源）灵（丘）战役。战役开始后，他们一南一北各带领一支医疗队，冒着敌人的炮火，全力抢救伤员。两人还开展竞赛，看谁抢救伤员多，看谁用药品敷料少。

巴苏华参加的是东团堡战斗。东团堡位于涞源城东北三十公里处，其据点战略地位重要，碉堡坚固，驻守日军训练有素。战斗打响后，双方争夺得非常激烈。巴苏华的临时手术室就设在距离东团堡仅两公里处的村子里。

巴苏华的日记记录了日军使用“达姆弹”疯狂扫射的残暴。“达姆弹”也称“开花弹”，这种子弹杀伤力巨大，早在 1899 年,《海牙公约》就已经禁止在战争中使用该弹药。

敌人的穷凶极恶令巴苏华切齿痛恨，更坚定了他全力救治伤员的决心。巴苏华在日记中写道，伤员们“丝毫不考虑自己的伤势有多重，甚至有终身残疾的危险，反而请求我们立即把他们抬到临时手术室去，尽快把他们治好，好让他们重返火线去打日军。我们从心底为这些英勇的八路军同志们感到骄傲，并更加精心地为他们治疗”。

让巴苏华尤为感动的是，周围的农民也赶来帮助医疗队护理伤员。他们带来了小米、蔬菜、葡萄、苹果等所有他们能够弄到的东西，像亲人一样照料着伤员。巴苏华不禁感叹:“这里没有任何矫揉造作，他们表现出了人的本性。”

在 9 月 24 日至 25 日两天的战斗中，巴苏华坚持不休息，也无暇顾及头顶上盘旋的敌机和耳边嗒嗒的机枪声，他和所在的医疗队为二百五十多名伤员做了急救手术。

情系中国，促中印友谊，一半骨灰长眠燕赵

1941 年 10 月，巴苏华应毛泽东的指示回到延安，担任八路军总医院五官科主任；而柯棣华留在了晋察冀，成为白求恩国际和平医院第一任院长。两人约定，待中国抗战胜利时同返印度，不料，自此竟成为永别。柯棣华积劳成疾，1942 年 12 月 9 日在河北唐县逝世，为了中国人民的抗战献出了年仅三十二岁的生命。

1943 年初，印度东部边境形势危急，中国共产党建议巴苏华尽快返回印度。当年 6 月，作为援华医疗队中工作时间最长的印度医生，巴苏华结束援华医疗工作返回印度。此时他已经成长为一名经验丰富的革命战士。

从二十六岁到三十岁，巴苏华在中国纷飞的抗日战火中度过了自己宝贵的时光，而他的余生也循着青春的选择奋勇向前。

回国后，他在印度四处旅行，详尽介绍中国人民艰苦卓绝的抗日战争。1943 年 10 月，由他发起成立了全印柯棣华大夫纪念委员会（简称“全印柯委会”），以发扬印度援华医疗队的精神，发展中印两国人民的传统友谊。

1978 年，巴苏华（右二）带领学生在大连学习针灸治疗

二十世纪六七十年代，中印关系跌至谷底，巴苏华始终高擎中印友谊的大旗，振臂疾呼，像一颗永不熄灭的星星，力透阴霾射出光芒。

他数次访华，把针灸介绍到印度，开办了针灸学习班，是印度学习推广中国针灸第一人。到二十世纪七十年代末，印度已有三十多家针灸诊所，并免费为穷苦人治病。他不仅要用中国医术为印度人民服务，更要让印度人民记住中国。

1978 年，全印柯委会接待了时任对外友好协会会长王炳南率领的访印代表团。代表团在印期间，巴苏华亲自安排了王炳南与印度外长瓦杰帕伊的会面。1962 年以来两国政府间的关系第一次得到恢复，巴苏华和全印柯委会在其间起了很大作用。王炳南在纪念文章中曾评价巴苏华“在改善中印关系方面，他曾起过先驱者的不可磨灭的作用”。

1986 年 10 月 12 日，这位勇敢的国际主义战士、中印友好的使者溘然长逝，终年七十四岁。遵照巴苏华的遗嘱，他的骨灰一半留在家乡，一半安放在石家庄华北军区烈士陵园，与他的亲密战友柯棣华、爱德华一起安息在中国大地。

这就是巴苏华，一个追寻理想的革命青年，一位深爱中国的印度大夫，一个高扬和平友谊大旗的国际主义战士。

（本文选自河北新闻网，有删减）

海明威眼中的抗战：日本永远征服不了中国

文 / 周文冲

海明威，美国作家和记者，被认为是二十世纪最著名的小说家之一。1941 年，他以纽约《午报》记者的身份被派到中国，进行新闻报道，成为美国报道中国抗战正面战场的第一人。

1941 年 3 月 6 日傍晚，一架运输飞机降落在重庆。引擎的轰鸣声中，机上仅有的乘客——一个金发白人女子和她绛红色脸、棕色胡须的大块头丈夫缓缓步出机舱。这两人就是美国著名的战地女记者玛莎·盖尔霍恩和她的丈夫欧内斯特·海明威。这一次，是两人第一次来到中国，而海明威的身份是纽约时事报纸《午报》特派记者。

海明威（右一）和妻子盖尔·霍恩（左二）准备前往中国

从美国出发前，《午报》主编英格索尔给海明威列出几个题目：中日战争打得怎样？中国内战会不会发生？如何避免美日开战？当时美国尚未参战，这些题目也是美国民众和执政者最关心的话题。

为了解战场上的真实情况，在到达重庆之前，海明威夫妇就已经由香港进入广东韶关国民党第七战区，在抗战前线进行了一周的采访。与士兵们一起巡逻，一起住在小村庄里，让海明威对中国军队有了直观的了解。“中国每个营有一个迫击炮连，装备六门 81 毫米口径迫击炮……在两千码距离，中国军人可以一炮击中一对尿布。”

“如果有谁说中央政府的军队纪律不严明、训练不到位、军官不合格或装备不精良，那他必定从未在前线亲眼看到。”海明威说。

从韶关经桂林抵达重庆几天后，海明威又前往成都，参观军事学校和兵工厂，考察机场建设。4 月 14 日，就在离开中国的前一天，海明威夫妇在中共中央南方局干部王炳南的德籍夫人王安娜的引领下，甩开跟踪，在一间只有一张桌子和三把椅子的地下室里，秘密会见了周恩来。

玛莎后来在回忆录中说，当时周恩来穿着一件短袖开领的白衬衫和一条黑色裤子，用法语和他们夫妇交流。“我们认为他是我们在中国见到的真正的好人。他可能是个胜利者。假如他是中国共产党人的典范，那么，未来就是他们的。”玛莎说。

在结束了为期三个月的访华行程后，海明威在《午报》上陆续发表了《苏日签订条约》《日本必须征服中国》《美国对中国的援助》《日本在中国的地位》《中国需要改善空军》和《中国加紧建设机场》六篇关于中国抗战的报道，大都是他的采访体会和对战争局势的分析判断。

“日本暂时失去与中国谈和的机会。远东第二件确凿可靠之事，便是日本永远征服不了中国。”在《日本在中国的地位》这篇报道中，海明威在开篇就写道。

他首先分析了当前的军事形势：“日本已经征服了中国所有的平原地区，在平原上，日本在飞机、火炮和机械化编队上具有优势，而现在，日本就要在中国的山区战斗，大部分地区道路不通，中日力量对比更均衡。”

接着他又分析了中国军队的装备补给、纪律管理、医疗服务等方面，指出尽管中国军队还面临一些严重问题，但是日本绝对无法将其打败。“如果中央政府有足够资金发放军饷、提供军粮、维持枪炮弹药补给，他们在今年、明年、后年都不会被日军击败。”

文章的最后，海明威特意指出，中国军队反攻能力最大的不足在于缺少可用的空中力量，且缺少炮兵。海明威在文中没有披露过多细节，他不想这些公开报道成为对日军有价值的信息。

海明威把中国之行中最不可思议的故事，放在了最后一篇报道《中国加紧建设机场》中。在重庆，他和前美国驻华大使纳尔逊·约翰逊一起远眺，视线从美国大使馆的排房，穿过激流奔腾的长江，望着远处灰色梯田状被炸弹炸碎、战火焚烧过的肃杀的石岛——中国战时首都重庆。纳尔逊对海明威说：“只要想做，中国人没有

做不到的事情。”

海明威对这句话颇不以为然。“当时这句评论深深激怒了我”，海明威在文章中写道。但是后来在成都看到的一幕，却让他对这句话有了新的认识。

十万名中国工人在没有任何现代化工具的情况下，在短短不到三个月的时间内就建成了中国第一条可供“空中堡垒”波音 B–17 等巨型轰炸机起降的跑道。

“六万名工人一度从八英里外的河里挑了二十二万立方米的砾石。另有三万五千名工人用锤子手工敲碎石头。一度动用了五千辆独轮手推车和十万条扁担，挑工十二小时一换班，每个扁担两头载重，弯到了将断未断的极限。”

海明威第一眼看到这群工人的时候，“只感觉一团尘土滚滚而来，一道在尘土中行进的还有一支穿着破布烂衣、双脚粗硬、面无表情的军队，迈着沉重的步子唱着歌，破旗子在风中飘扬”。

后来，他看到这群人在唱歌。他问身旁的工程师他们唱的是什么。

“他们正唱着：现在我们已经做完我们该做的了，飞行堡垒现在就来吧！现在我们已经做完我们该做的了，飞行堡垒现在就来吧”！

海明威把文章的尾声留给了中国人的自信与骄傲。他身旁的工程师朝歌声如海浪般的工地望去，对海明威说：“你看，有些事情我们完全可以靠自己干成。”

（本文选自《国际先驱导报》，有删减）

埃德加·斯诺：一半属于中国，一半属于全人类

文／王姗姗　韩　曙

有美国历史学家评价说，埃德加·斯诺是自马可·波罗之后在西方世界认识中国问题上影响力最大的西方人，是中华人民共和国领导人唯一信任的美国人。作为一名美国记者、作家，斯诺把二十世纪上半叶中国人民的苦难和中国共产党人领导的革命真实地展现在世界人民面前，与中国革命领导人和中国人民建立了深厚的友谊。他在留给妻子的遗嘱中写道，“我爱中国，我希望死后有一部分能留在那里”。

1972 年，在美国总统尼克松对中国展开破冰之旅之前，中国领导人刚刚在人民大会堂为美国记者埃德加·斯诺的逝世举行了悼念活动，这在中华人民共和国历史上前所未有。毛泽东、周恩来、宋庆龄等国家领导人向斯诺遗孀表示慰问。宋庆龄说：“埃德加·斯诺在中国人民心中永远长青。”

斯诺与宋庆龄

这是斯诺传记作者、美国学者约翰·汉密尔顿在书中记述的一幕。汉密尔顿说，他一直对中国很感兴趣，学生时代就读了斯诺的书。斯诺去世之后，他开始对斯诺进行系统研究，断断续续进行了近十年。二十世纪八十年代，他的《埃德加·斯诺传》问世了。汉密尔顿说，斯诺的《红星照耀中国》是第一部介绍中国共产党及其领导人的书籍，影响了很多中国人，也激励了很多美国人。他说：“在二十世纪三十年代，这本书是个爆炸性新闻，不光对美国人，对中国人来说也是如此。

一些中国人当时也并不了解共产党人，这本书是他们了解共产党的一个窗口，知道了毛泽东和他的队伍并不是所谓的‘红匪’。《红星照耀中国》点燃了人们对共产党人的兴趣，甚至引导很多人奔赴延安加入共产党。在美国，很多老一代的美国人都读过斯诺的书。这本书的出版使他（斯诺）立刻成为新闻界的名人，很多怀有新闻梦的年轻人希望成为像他那样的人，因为他富有冒险精神，去中国见到了毛泽东并发表了非常重要的报道。这很令人激动，而且有重要的政治意义。”

《红星照耀中国》是斯诺最重要的作品之一。1936 年 6 月至 10 月，斯诺访问了陕甘宁边区并采访了毛泽东、彭德怀等红军领导人，成为第一个采访苏区的西方记者。1937 年，斯诺在北平写成三十万字的《红星照耀中国》，引起极大轰动。

从 1928 年踏上中国土地到 1941 年离开，斯诺见证了中国共产党领导的人民革命和抗日战争。汉密尔顿说，这是他最初踏上中国土地时完全没想到的。当时二十一岁的斯诺环游各国采访，本打算当年回到纽约，在三十岁之前挣点钱，然后专注于写作和研究。在中国的所见所闻，使他决定在这里停下了脚步。他说：“我想这有两个原因，一是很多人，包括我自己，觉得中国人非常热情。很多像斯诺一样到中国的人希望看到中国成为一个强大的、独立的国家，人民能健康、快乐地生活，不断进步。还有一个原因就是，当时中国是个新闻热点国家，每天都有很多事情发生。”

1939 年，毛泽东在延安会见埃德加·斯诺

目睹了当时中国人民的苦难和中国共产党人为改变命运进行的抗争，斯诺对共产党报以极大的同情和支持，并与共产党领导人建立了长达数十年的深厚友谊。汉密尔顿说，斯诺和中国共产党人真诚相处、互相敬重。他说：“共产党人看到斯诺不是带着挑剔的目光而来，而是一个有同情心、非常客观且愿意诚恳倾听的记者。斯诺敬重这些领导人，尊重他们的所作所为，认为他们有卓越的领导才能。共产党人给中国带来了积极的变革，这是斯诺愿意看到的。斯诺对中国人民有强烈的爱，他希望看到共产党人的成功。”

陕甘宁根据地军民热烈欢迎这位登门造访的美国朋友，赠送给他一套灰色红军军装。斯诺穿着这套红军军装进行了四个月的采访，拍摄了三十卷照片，其中毛泽东头戴红五星八角帽的《毛泽东在陕北》成为在中国家喻户晓的传世之作。

1949年中华人民共和国成立之后，在中美两国隔绝的二十多年间，斯诺是唯一能获签证访华的美国人，他对中国进行了三次长期访问。1970年10月1日，中华人民共和国成立21周年庆典中，斯诺与毛泽东、周恩来等党和国家领导人站在天安门城楼上，成为首位和毛泽东一起检阅国庆游行队伍的外国人。这张照片被汉密尔顿选为斯诺传记的封面。

由于和中国共产党的密切交往，斯诺在美国遭到麦卡锡主义的迫害，在学界和媒体圈也备受指责，处境艰难。1959年，斯诺举家移居瑞士日内瓦直到在那里病逝，临终前他仍然关注中国社会主义革命和建设。汉密尔顿认为斯诺是个真诚而执着的记者。他说："斯诺最突出的特点就是真挚，他是最真挚的记者之一。不少记者在麦卡锡时期会寻求自保，而斯诺没有，他依然执着于自己关注的事情。这赢得了包括他家庭成员在内很多人的尊重。"

汉密尔顿说，斯诺去世之后，美国人渐渐反思并纠正对斯诺的不公正待遇，人们开始重新认识斯诺的价值。他说："斯诺的作品对学者和希望了解中国的人们依然非常重要，这毫无疑问，那是历史的重要见证。"

汉密尔顿为写斯诺传记，他多次访问中国，看到斯诺和中国人民之间的深情厚谊历久弥新。他说："在中国，很多人知道斯诺，并关注有关他的情况，他和中国人民之间有很深的友谊。"

如今，斯诺的墓静静地矗立在他曾执教的北京大学未名湖畔，墓碑上刻着"中国人民的美国朋友埃德加·斯诺之墓"。这是斯诺的遗愿。斯诺遗孀露易丝·维勒·斯诺在《斯诺的中国》一书中写道，"斯诺去世后，我把他的部分骨灰葬在了北京大学一个青翠的花园里。后来在美国，我把余下的骨灰埋在了哈德逊河边一位朋友的花园里。斯诺给我留下遗嘱：'我爱中国，我希望死后有一部分能留在那里，就像我生前一样。我还希望有一部分留在哈德逊河边，在这里，哈德逊河汇入大西洋流向欧洲和其他人类的彼岸。我是全人类的一部分，我结识了几乎每一片大陆上杰出的人们。'"

（本文选自国际在线）

对生命有大爱
——记“南京好人”约翰·拉贝

文 / 管克江

在松、竹、菊掩映之中，一块黑白两色花岗岩雕刻成的N形墓碑伫立在柏林西郊的威廉皇帝纪念教堂墓地。中间一块青铜浮雕上，一位谢顶、戴圆框眼镜的男子正深情凝望远方。墓碑基座由雨花石铺垫，前方一块铭牌上刻着“感恩永远铭记拉贝先生的国际人道主义善举”字样。中国人民爱戴的德国友人约翰·拉贝先生就长眠于此。2013年，南京市修复、建造了他的墓园。N字形墓碑和雨花石体现了他同南京割裂不断的联系，黑白两色则象征着血雨腥风的抗战岁月。

拉贝的善举赢得中德两国人民的尊敬。图为游客祭扫拉贝墓园

拉　贝

约翰·拉贝1882年出生在德国汉堡。在非洲工作了一段时间后，拉贝于1908年来华，1910年受雇于西门子中国公司，在沈阳、北京、天津、上海、南京等地经商。1931年，他出任西门子公司驻华总代表。日军入侵南京的时候，绝大多数外国人都逃离了南京。拉贝和十多位传教士、学者和商界人士留了下来。他们共同组建了南京安全区国际委员会，拉贝被推选为主席。由于拉贝曾任德国纳粹党南京小组负责人，大家期待这个身份在同日军交涉时有所帮助。拉贝冒着巨大风险组建的南京安全区，为超过二十五万中国人提供了避难场所。他

在日记中详细记录了南京大屠杀内情，成为控诉日军罪行最重要、最翔实的史料之一。

庇护中国民众、尽力阻止大屠杀蔓延的工作艰巨而危险，但拉贝毫不推辞。他在陈述理由时说：“我二十多岁就来到这个东方国家，我一生最美好的青年时代都在这个国家愉快度过。我的儿孙都在这里出生，我的事业在这里取得成功，我始终受到中国人民的厚待……这是一个道德问题。我不能背叛他们对我的信任，这种信任令人感动。”拉贝与日军斗智斗勇，与日本领事馆反复交涉、抗议，阻止日军对南京人民的恣意侵犯和屠杀。他还在自家花园里收留了六百多位中国百姓。

拉贝用日记记录了耳闻目睹的五百多个南京大屠杀案例。他在日记中写道：

（1937 年）12 月 14 日：开车经过市区，我们才知道破坏的巨大程度。车子每经一两百米就会压过尸首，那些都是平民的尸首。我检查过，子弹是从背后射进去的，看来这些人是在逃跑的途中从后面被打死的。日本人每十至二十人组成一个小分队，他们在城市中穿行，把商店洗劫一空。如果不是亲眼所见，我是无法相信的。

（1937 年）12 月 16 日：我开车到下关去勘察电厂，中山北路上都是尸首。城门前面，尸首堆得像小山一样。到处都在杀人，有些就在国防部前面的军营里进行。机枪声响个不停。

（1937 年）12 月 22 日：在清理安全区的过程中，我们在一些池塘里发现了许多被枪杀的平民的尸体（其中有一个池塘里就有三十具尸体），大部分被反绑着双手，其中有些人（在礼和洋行附近）的脖子上还挂着石块。

……

拉贝几乎每天都会整理出一份日军暴行记录的汇编，交给日方以示抗议。同时他也将报告分送英、美等国的大使馆，希望通过国际舆论制止暴行。他的正义行动遭到了日本侵略者的痛恨，但碍于德日同盟不敢加害于他。1938 年 2 月，西门子总部迫于压力召回了拉贝。即使在离开之际，拉贝还把躲在他家养伤的中国飞行员王光汉扮作佣人安全地带到了上海，又护送到香港。

回到柏林后，拉贝到处演讲揭露日军暴行，结果被盖世太保逮捕，出狱后行动遭限制。纳粹德国投降后，他又因为纳粹党员身份被盟军投入监狱。虽然最终被释放，但拉贝只能在西门子公司担任低级翻译，勉强维持生计。1950 年，拉贝在穷困潦倒中病逝。此后，拉贝的事迹被人淡忘。直到 1996 年，华裔女作家张纯如撰写《南京大屠杀》时才发现了长达两千多页的《拉贝日记》。1996 年，中德共同建立的

拉贝纪念馆在南京开放。此后，《拉贝日记》先后在中国、德国、日本、美国和英国出版了中文版、德文版、日文版和英文版。2009 年，电影《拉贝日记》上映。在中国网友票选的“十大国际友人”中，拉贝名列第二位，仅次于白求恩。

海德堡大学教授、约翰·拉贝的孙子托马斯·拉贝谈到祖父时表示：“祖父经常说，他在中国生活了多年，他的儿孙辈很多都在中国出生。基于这种情感，他应该对那些在中国与他打了多年交道并成为朋友的人负责。他还说，在中国的日子里，包括在战争时期，中国人民对他一直都很好。也许就是这么一种人道主义精神和对别人负责的态度，促成了他的举动。”

托马斯·拉贝在海德堡成立了约翰·拉贝交流中心。他说：“战后，德国人民努力寻找造成悲剧的原因并进行反思……虽然历史无法改变，但是德国对于给欧洲造成的损失深感歉意。要想正视过去，就必须知道那时究竟发生了什么，这有助于我们认识以前所谓的‘敌人’，是把过去的‘敌人’变成未来的‘朋友’的重要一步。”托马斯·拉贝强调，要避免战争，必须与其他国家的人民和平共处、对于曾经犯下的错误进行深刻反省和道歉，这是德国人战后得到的最宝贵的教训。

（本文选自《人民日报》，有删减）

美国二战名将史迪威的中国情缘

文/郭　虹

在重庆嘉陵江边，有中国唯一一家为外国军人设立的博物馆——史迪威博物馆，每年都有数以万计的中外友人专程前来参观。

在重庆罗斯福图书馆，有一间装修古朴的外文书刊阅览室，被命名为“史迪威阅览室”；在重庆工商大学，史迪威图书馆的数万藏书让莘莘学子流连忘返；在重庆高新开发区，史迪威外语学校圆了一批又一批学子的国际交流梦。

史迪威，这个以“中国人”自居的美国二战名将，尽管离开人世已几十年了，但他仍被中国人以各种方式纪念和缅怀。

缅甸丛林中的史迪威

1911年，二十八岁的史迪威第一次踏足中国。1923年，四十岁的他在日记里写道：“我现在已经是中国人了。”九年后，他奉命担任美国政府驻华武官参赞，其足迹遍及中国各省市，被美国军界称为“最精通中国和远东问题的军官”。

1942年，罗斯福总统派史迪威来到中国，集美国总统代表、驻华美军司令官、滇缅公路监理官、中国战区参谋长等职务于一身。

临危受命的史迪威，上任之初就创造了二战期间最伟大的工程奇迹——史迪威公路。这条以他的名字命名的陆上交通线是当时穿越缅甸、连接中印的唯一道路，成为美国等同盟国援助中国抗日物资的运输大动脉。

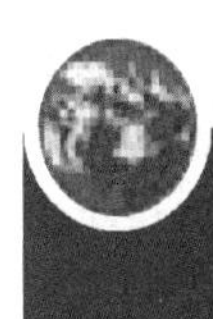

同年4月，为了夺回被日军占领的战略要地缅甸东枝，史迪威亲自率领中国军队穿越险象环生的原始森林。在荆棘丛生、毒虫猛兽袭扰的丛林里，他一直走在队伍最前面。

脚蹬美国大兵靴，嘴里叼着烟斗，用中国话下达命令的史迪威不仅是一个军事将领，更有着犀利的政治眼光，对遭受战乱的中国人民满怀同情。

他摒弃当时大多数美国人对中国共产党的政治成见，公正、客观地评价中国共产党在抗日战争中不可取代的地位。他在笔记中写道："他们的情报工作、组织机构和战术都很出色。他们不要城市，而满足在农村过艰苦的生活。"1943年，在他的努力下，罗斯福总统在一份"态度非常强硬的电报"中，明确表示应把中国共产党纳入美国政府对华援助的范围。

史迪威一直希望能去延安同中国共产党谈判，就国共合作、共同抗日等问题进行具体磋商。但他的愿望还来不及实现他就匆匆离去了。1944年10月，史迪威被罗斯福总统召回，从而结束了他在中国的军旅生涯。临行前他留下了两封告别信，一封给陈纳德，另一封给朱德。在给朱德的信中，他说："对不能与您和您的不断壮大的杰出部队并肩抗日深感失望。"

六十一岁的史迪威没有想到，他在有生之年再也没有回到过这片他深深热爱的土地；他或许更没有想到，时隔多年以后，他的名字仍然镌刻在中国抗战史的丰碑上，成为中国人民难以忘却的记忆。

中国史迪威研究中心专家组成员说，在中国各地，在史迪威到过的任何地方，中国人民都在深切缅怀这位为抗日战争作出过贡献的老朋友。

（本文选自中华网）

中国让她魂牵梦萦

——访新西兰国际友人的侄女

文/夏文辉　常　璐

在惠灵顿郊区玛丽·霍尔的房间里，随处可见中国特色的摆设和饰物。壁炉一侧的方台上，摆放着一个绘有新西兰国际友人凯瑟琳·霍尔肖像的彩盘。她淡淡地微笑着，目光凝视着远方。

“从中国回到新西兰后，凯瑟琳姑母无时无刻不在思念中国，她的心在中国。”玛丽·霍尔说。

凯瑟琳·霍尔出生于新西兰最大城市奥克兰郊区一个普通的家庭。二十世纪二十年代初，她来到中国，在山西和河北的贫困农村建立诊所，为当地村民治病。她同中国最底层人民朝夕相处，感受到中国农民的朴实、善良和勤劳。在提供医疗服务的过程中，凯瑟琳同周围村民结下了深厚的友情，人们亲切地称她为“何明清医生”。直至今天，河北曲阳县一些地方还流传着几十年前的歌谣：“生病不用慌，去找何医生，洋人好活计，手到病全除……”

凯瑟琳·霍尔

1937年，日军全面侵华后，凯瑟琳·霍尔所在的河北农村的生活境况更趋艰苦。由于日军的封锁，药物运送十分困难。凯瑟琳目睹日军的残暴，对中国人民的抗日战争十分同情，亲自去北平洋华赈会为曲阳县的灾民筹集四万两千多元的赈济款。这期间，凯瑟琳·霍尔结识了在八路军前线工作的白求恩大夫。他们互相勉励，互相帮助，两位来自不同国度的国际友人在中国抗战过程中结下深厚友谊。由于日军封锁，八路军的药物十分短缺，受白求恩大夫和晋察冀边区政府的委托，

凯瑟琳利用自己持有英国护照的便利，往返于北平与河北之间，冒着生命危险闯过日军封锁线，为边区购买药品，运送物资三十多次，为边区输送爱国抗日人士和医务人员四十多人。

“从这段时间姑母给家人的信件看，她很清楚自己做的事情很危险，起初也有些犹豫，”玛丽·霍尔翻看着凯瑟琳当年寄回新西兰的信件说，“不过，她是很投入的人，一旦决定，就义无反顾地做下去。”

对于凯瑟琳帮助抗日武装，日军恨之入骨。1939年秋，日军烧毁了她的诊所，并令其返回新西兰。然而凯瑟琳舍不得离开中国，后经宋庆龄介绍，她开始到中国保卫人权大同盟工作。1942年，凯瑟琳辗转回到河北，继续她救死扶伤的工作。后因侵华日军的通缉，她又身患疾病，才依依不舍地返回新西兰。

此后十多年间，玛丽·霍尔同姑母有了很多的接触。印象当中，凯瑟琳始终希望能够回到中国生活和工作，但由于种种原因，这一愿望未能实现。不过，作为中国人民的朋友，她于二十世纪五六十年代曾两次访问中国，并回到了当年医院所在地。在日记中，凯瑟琳写道：“很遗憾，我不能将自己的精力继续奉献给这里的人民，不过，看到当地农民的生活和医疗条件大大改善，我感到欣慰。”

在玛丽的印象中，在姑母凯瑟琳生命的最后十多年里，她忍着病痛，为新西兰—中国友协的创建和发展而奔忙，利用各种机会宣传中国，促进新、中两国的理解和交流。

在玛丽的印象中，姑母一生清贫，从中国回到新西兰后，她甚至买不起房子，很多时候寄宿在亲朋家里。“然而她从不后悔。而且即便在她身体最差的时候，也不忘为中国的农村诊所筹集善款。”

1970年4月，凯瑟琳·霍尔走完她的人生之路。两年后，中国同新西兰建立正式外交关系。1993年，玛丽将姑母的骨灰带到河北曲阳，撒在她当年生活和工作的地方。不久，一座纪念凯瑟琳·霍尔的雕像在她工作过的地方建起。以凯瑟琳的中文名字“何明清”命名的医务所在她当年工作的地方，继续为周围农民提供医疗服务。

2005年9月1日，玛丽应邀再次来到中国，参加在北京举行的中国人民抗日战争暨世界反法西斯战争胜利60周年纪念活动，之后访问了河北、西安和上海。玛丽说：“人们没有忘记凯瑟琳，这令人欣慰。如今新、中关系不断发展，人民之间的理解和交往今非昔比，这足以告慰为此奉献一生的凯瑟琳·霍尔。”

（本文选自新华网）

苏联摄影师罗曼·卡尔曼在延安

文 / 王国宇

工作中的罗曼·卡尔曼

1938 年 10 月，卡尔曼为拍摄中国抗战而满怀热情地来到中国。他先后在湖北、湖南拍下前线士兵的战斗和生活。接着到广西，他拍摄了新安旅行团的抗日戏剧演出。1938 年冬，他在广东拍摄了抗日游击队。同年 12 月，他又辗转到达重庆。

1939 年 5 月，卡尔曼开汽车到达延安。在延安和陕甘宁边区拍摄电影素材，这成为他后来完成的两部表现中国抗战的纪录影片的重要构成部分。此外，他为《消息报》写的关于中国共产党抗战的稿件，在世界各国也产生了广泛的影响。

卡尔曼来到中国后，辗转武汉、长沙、衡阳、桂林等地拍摄电影素材。国民党方面调来一辆小汽车供他专用，并要求司机“好好为他服务，他说到哪里，你就开到哪里”。这句话的本意是，在“国统区”可以自由行动，但卡尔曼让司机把车开到了延安。实际上，他在“国统区”的采访受到了种种限制，国民党派了一位青年副官“陪伴同行”，这使他很不自由。于是，他机智甩掉“陪伴”，于 1939 年 5 月，以《消息报》记者的身份，乘小汽车来到自由的延安。

卡尔曼一到延安，立即受到各界的盛情欢迎。5 月 14 日晚，他应邀参加了组织部礼堂的文艺晚会，观看鲁艺演出的三幕话剧《冀东起义》。在这里他巧遇刚从苏联返回延安不久的朋友萧三，他们热烈拥抱。他兴奋地对萧三说：“来中国八个月了，到了延安，才感到舒服、自由，什么话都可以说了！”

5月17日，延安文艺团体联合在桥儿沟的鲁迅艺术学院设午宴，招待卡尔曼。出席宴会的有鲁艺副院长沙可夫，音乐家吕骥、冼星海，戏剧家张庚等人。席间相谈甚为愉快，宾主间传递着浓浓情谊。午宴后，卡尔曼即去参加延安工人学校的开学典礼，进行拍摄。会场设在二十世纪二十年代西班牙人修建的天主教大教堂内。他到达时，里面已坐满了人，校长张浩正在讲话，邓发、王若飞等人也在座。卡尔曼在这里拍下了教堂、“鲁艺战地写生画展”、校旁的古墓林、文庙以及鲁艺师生上山开荒生产的情景。卡尔曼在这里拍了不少影片。从这里返回延安城内时路过清凉山，他又上山去观看庙宇。山上有万佛洞，风景很美，卡尔曼又拍了许多影片。

5月25日晚，毛泽东在杨家岭接见了卡尔曼。毛泽东坐在书桌前，桌上点着两根蜡烛，烛光不时跳动着。卡尔曼坐在桌子的右边，萧三坐在他对面当翻译。毛泽东接见卡尔曼，不仅是简单地回答他的提问，同时也向他提出许多问题，了解一些情况。毛泽东询问了苏联海军建设和航空事业发展情况，还问了许多关于苏联北极破冰船、北极科考站以及苏联科学工作方面的问题，问得非常仔细、认真。得到满意的回答之后，他就非常高兴，有时还笑出声来。比如，他认真地问卡尔曼：假如希特勒的轰炸机飞到莫斯科，要炸克里姆林宫，斯大林要躲到哪去？卡尔曼无法作答，只得告饶：“毛泽东同志，为什么要使我的情绪坏起来呢？”说罢，俩人大笑。

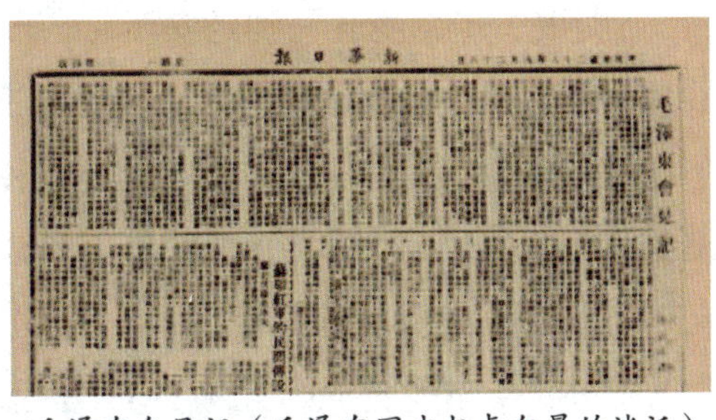

新華日報

毛澤東會見記

毛泽东会见记（毛泽东同志与卡尔曼的谈话）

卡尔曼在延安期间，怀着浓厚的兴趣参观访问了许多地方。路好走的地方，他们就乘车；路远且难行的地方，他们就骑马；特别难走的地方，他们就步行。他觉得到处都是新事物。

1939年5月18日，他提出要访问八路军医院。这家医院地处延安城东北二十公里处的拐峁，陪同他参观的有萧三、专职女翻译张郁廉、鲁艺政治部主任徐一新三人。他们乘坐卡尔曼的小汽车前往。院长向他们介绍了红军时期的医务工作和现在医院的情况。他说：“现在陕甘宁边区有卫生部，分前方卫生部和后方卫生部。后方有‘兵站医院’‘边区医院’和这所八路军医院。拐峁医院刚成立半个月，有一百八十个病床，收治重伤的军人和生病的地方干部，现有病人一百二十人。医院设备基本能满足需要，其中化验室是边区最好的。病人的给养受到特殊照顾，能吃到蔬菜和鸡蛋。”卡尔曼听得津津有味，还到病房参观拍摄。

医院有一条“印度街”，住着几位印度援华医疗队的医生。他们住的窑洞比较大，光线充足，白布床单，桌椅、书架、衣架齐全。卡尔曼一行到访时，爱德华医生正开着留声机听音乐。见有客人来了，他就关掉留声机，和他们聊起来。他讲了来延安的曲折过程，国民党百般阻挠他们来延安，在周恩来和宋庆龄帮助下，他们开着两部医疗车，带着五十八箱医药和 X 光机，长途颠簸，终于在 2 月 22 日来到延安。爱德华讲的这段经历，引起卡尔曼极大的共鸣，因为他来延安也不顺利。他激动地大声说：“为什么不让我们自由地来，太不可思议了！来，我们同命运的人照相留念吧！”萧三为他们照相。下午 5 时，卡尔曼一行下山返回。

5 月底，卡尔曼骑马到延安西北二十公里的安塞访问。这里是延安的后方，不少边区政府机关驻扎在这里。他参观了战时儿童保育院，这里收养着烈士遗孤和前方干部的子弟，设置有婴儿部、幼儿部和小学部。最多可接收五百人。在这里卡尔曼被孩子们的琅琅读书声所吸引，于是让翻译人员翻译给他听。之后，他又记在笔记本上。他说：“我从这里看到了，中国一定能够打败日本！”

此外，卡尔曼还参观了边区高等法院看守所。

1939 年 6 月 1 日，卡尔曼在杨家岭要给毛泽东照相，并拍摄“毛泽东的工作一日”，由萧三担任翻译。

他们共进午餐后，便驱车来到南门外的抗大，参加该校建校三周年庆祝会。路上，车子停下来，毛泽东与农民谈话。临近抗大，又与几个“小鬼”谈话。卡尔曼把这些场面都拍摄下来，成为珍贵的历史性照片。

下午 4 时，毛泽东与卡尔曼参加抗大的会餐。六时，庆祝会开始。那时延安没有电灯，为了利用夕阳的余晖拍摄毛泽东的活动，安排他在庆祝会上第一个讲话。在毛泽东讲话过程中，卡尔曼扛着摄像机，台上台下、会场前后忙活，抢拍了许多感人的镜头。

接着，洛甫、邓发、刘少奇等相继讲话。国民党驻延安的联络参谋也上台讲话。晚上还有文艺晚会，但卡尔曼和毛泽东都没有参加，他们同乘卡尔曼的小汽车返回杨家岭。

卡尔曼也许是为了使《毛泽东的工作一日》这部纪录片更富情节性，也许是为了感谢毛泽东配合他今天拍摄影片，他高兴地说要请毛泽东吃羊肉串，并且亲自烤制。于是找来木柴、羊肉、洋葱、铁丝等，在毛泽东窑洞外烧起了火堆。只见卡尔曼熟练地把羊肉切成小片，与洋葱瓣相间穿在铁丝上，在火上翻来转去地烤制。木柴噼啪作响，羊肉直冒油，散发出一股诱人的香味。

毛泽东和刘少奇都在火堆旁观看。卡尔曼将烤好的一串羊肉，首先送给了毛泽东品尝，问:“怎么样?”毛泽东说:“味道好极了!”卡尔曼高兴地哈哈大笑起来，吓得树上夜栖的鸟儿“扑棱棱”飞走了。卡尔曼看着夜色中飞走的小鸟，咕噜了几声。毛泽东问萧三:“他说什么?”萧三说:“他说，亲爱的小鸟别飞呀，下一串该给你吃了!”在场的人都笑了起来。大家围坐吃着羊肉串谈笑时，卡尔曼又提起摄影机抢拍。这珍贵的场面，为《毛泽东的工作一日》画上了一个圆满的句号。

罗曼·卡尔曼撰写的电影笔记《在中国的一年》

这时，卡尔曼想起了毛泽东前几天对他说革命者都爱吃辣椒的笑谈，便说西班牙人也爱吃辣椒，可为什么弗朗哥不革命呢?毛泽东风趣地说:“西班牙的辣椒不如中国的辣。吃辣椒的都革命，斯大林、季米特洛夫都喜欢吃辣椒。假如他们的辣椒不够吃，叫他们写封信来，我给他们寄去。”这话引得满场大笑。

卡尔曼在边区的访问结束后，于1939年6月3日离开，不久即回到苏联。

后来，卡尔曼写成《在中国一年》一书，其中的《毛泽东会见记》生动地描述了与毛泽东会见的情形。1939年7月8日，苏联《消息报》用半版篇幅发表了这篇文章。同年，7月23日纽约《星期日工人报》，也以《中国最伟大的战略家谈抗日战争问题》为题，发表了卡尔曼所发的电讯。它们都产生了广泛的影响。

（本文选自《人民政协报》）

我的父亲郑律成

文 / 郑小提

我的父亲郑律成是一名战士——八路军战士、朝鲜义勇队战士、朝鲜人民军战士、中国人民志愿军战士，中国人民解放军的讴歌者。

父亲出生在韩国南部城市光州。他出生的时候，朝鲜半岛已经沦为日本侵略者的殖民地，国家没有了，人们不能讲自己民族的语言。

父亲的父兄都是爱国者。我的祖父原来在政府工作，因为不想与日本人合作，回乡下租种几亩薄田，省吃俭用，将孩子们送到私立学校读书。父亲的大哥、二哥都到中国参加革命活动，参加了中国共产党。大伯回到朝鲜，被日本人抓捕关押了八九年，后病故。二伯进云南讲武堂学习，大革命时期在国民革命军二十四军当中校参谋。他的姐夫进入黄埔军校学习，毕业后参加了北伐战争，而后又参加了南昌起义和广州起义。

朝鲜爱国者在中国南京创办了“朝鲜革命干部学校”，父亲于 1933 年跟随他的三哥到了中国，进入“朝鲜革命干部学校”学习，毕业后，到鼓楼电话局做过情报工作。在这期间，他到上海学习声乐，深得苏联声乐教授克里诺娃赏识。同时，父亲经由姐夫的好友罗青介绍，参加了南京进步青年发起组织的“五月文艺社”。

1937 年 7 月 7 日，中国抗日战争全面爆发。摆在父亲面前有两条路：一条是听从声乐教授克里诺娃的引荐，到意大利继续学习声乐；另一条是到延安去。父亲毅然选择了奔赴延安。他背着一把小提琴、一把曼陀铃和两本世界名曲集，于 1937 年 10 月到了延安。

延安城不大，是一座充满青春活力的城市。在这里，青年们思想活跃，没有等级差别。到处是歌声，唱得地动山摇，群情激扬。父亲生活在这如火如荼的环境中，他想吼，他想唱。他日夜琢磨，想写一支歌来歌颂延安。有一天，他站在山坡上放眼望去，满天红霞，夕阳照耀着宝塔，春风吹绿了原野，延河畔上，战友们

郑律成

或操练，或上课，或三三两两漫步，此情此景，激发了父亲的灵感。他邀请文学系的莫耶为他写歌词。莫耶很快写出歌词，父亲在歌词的基础上写成了《延安颂》，并和鲁艺女高音歌唱家唐荣枚一起在延安中央大礼堂首唱。

《延安颂》是父亲的心声，也是那一代爱国青年的心声，很多人就是唱着这首歌奔赴延安。女英雄乌兰阿姨，在弥留之际曾叮嘱家人：我走的时候你们不要放哀乐，我要听《延安颂》。

父亲在延安时期创作了大量抗战歌曲，比如《延水谣》《八路军军歌》《八路军进行曲》等。他还酝酿着要为八路军创作一部大合唱，最终和公木叔叔一起把他们对八路军的无限热爱填进了词，谱成了曲。公木叔叔曾这样回忆父亲创作时的情形："没有钢琴，连手风琴也没有，只是摇头晃脑地哼着，打着手势，有时还绕着屋子中间摆的一张木桌子踏步转悠……"

尽管创作的环境如此简陋，但《八路军进行曲》却有着势如破竹、气势磅礴的音乐形象，它和我们的军队一起经历了无数的浴血奋战，并最终确定为《中国人民解放军军歌》。

这，是父亲的荣耀！

（本文选自人民网）

英国记者贝特兰目击汉口空战：十五架日本飞机被击落

文 / 万建辉

贝特兰

1938 年春天，出生于新西兰的英国记者詹姆斯·贝特兰（又译勃特兰）从山西前线，来到全国抗战中心武汉。他打算在武汉安心撰写华北前线的见闻，然而武汉汹涌澎湃的抗战浪潮令他激动不已。他放下笔，走上武汉街头采访、演说，参加与抗战有关的各种社会活动。这一时期，发生在汉口上空的空战给贝特兰留下了深刻印象。

汉口充满了战事的气象

詹姆斯·贝特兰 1910 年生于新西兰奥克兰市，毕业于英国牛津大学，曾在伦敦《泰晤士报》工作。

据中南民族大学教授、抗战史专家章绍嗣介绍，1936 年 1 月，贝特兰作为牛津大学罗德奖学金（又译罗德兹奖学金或罗氏奖学金）的访问学者来华，在当时北平的燕京大学学习，并担任英国工党机关报《每日先驱报》的特约通讯员。

1938 年春，贝特兰从郑州坐火车来到汉口。他离开郑州后的一个早晨，郑州被日本飞机狂轰滥炸，火车站附近的房屋都被炸平了。

贝特兰描述道："临近汉口，铁轨上停着破旧的货车，因为各种车辆都为战事所征用。汉口车站防卫森严，市内很平静，显得很有组织。"

在贝特兰眼中，汉口和上海、天津一样，显露出“摩登”气象。江边都是银行、写字间、货栈、别墅与领事馆，建筑物都是西洋样式。“汉口与上海的关系，在重要性上，和芝加哥与纽约相仿。”

1938年，贝特兰与八路军一二〇师副师长萧克合影

贝特兰在《华北前线》一书中写道：“那些日子，汉口充满了战事的气象，街道上可以遇到穿军服的人。不过咖啡馆和跳舞厅都在营业，可以见到外国飞机师纵饮香槟酒。许多政府高官失去了以前在南京时富丽的办公室，住在冷僻的房屋中，大门也常常紧闭。”

他观察到中国共产党制订出保卫汉口的计划，其中一项是武装产业工人，使汉口成为马德里第二。这个计划遭到部分国民党官员反对，最终无法实施。共产党在汉口有了公开机关，发行一种机关报，但常受人攻击。有时蒋介石出来干涉，制止国共间的摩擦。汉口的国共合作总体是团结的。

贝特兰描述汉口的拥挤如莫斯科一样，居处成了一个问题。贝特兰幸运地在美国圣公会吴德施主教的一所住宅里住下。那里还住着一群外国志愿者，从事医药与难民救济工作的史沫特莱女士也住在那里。孔祥熙和周恩来也常来这里茶叙。

“这些自由的安排把一切不同的思想学派聚集到一个屋子里，共同为中国抗战效劳，那是我们所看到的另一种新气象。”贝特兰说。

贝特兰写道：“这个城市实在已成为中国战时的首都，虽然高级的政府官员已经迁往长江上游的中心，总司令和总司令部都还在这里。”

那时，汉口外围的战争已经开始了，汉口几乎每天都被日本飞机空袭。贝特兰提到，中国最初有少数一线的战斗机与轻轰炸机和一小队飞机师，但日本飞机在质量上占优势。不过中国空军很快获得了苏联人的支援，他们带来了飞机技师和志愿飞行人员。这些人员整日与他们在一起，能在紧急时刻立刻升空。

贝特兰到汉口后，一次防空警报拉响，他就听见中国飞机升空的响声。

那次防空警报拉响时，一位加拿大的女看护告诉贝特兰，如果日本飞机明天到这里来，她敢打赌中国飞机至少可以击落十架。

一天下午，防空警报响起，贝特兰刚好前往英国领事馆，他在领事馆上层的窗口观看空战。第二次警报响过，中国飞机升空，有三十多架飞机在空中盘旋，之后隐藏在云层里。

十二架日本巨型轰炸机排队从东方飞来，很快，护卫它们的日本飞机和中国飞机交战了。地面的中国军队的高射炮开始射击，空中的爆响声音持续不断，有些高射炮弹差点打中飞行慢的日本飞机。日本飞机不敢冒险，向高空飞去，像蚊虫在空中旋舞。

贝特兰亲眼看见银翼一闪，一架飞机落了下来，在云中拖着一股黑烟。

此时，日本轰炸机仍在中国机场上空投弹，地面高射炮射击的声音和轰炸机投下炸弹的爆炸声混杂难分。爆炸在三四公里外，领事馆整个房子随之震动。

“他们不曾料到有遭遇战……随后向东飞走，一会儿连影子都不见了。”贝特兰写道，这天空战结果，十五架日本飞机被击落，包括一架轰炸机。中国损失了三架飞机。

此后几个月中，日本飞机只在夜晚空袭汉口。中国空军受到鼓舞，扩展了活动范围，曾飞往台湾空袭日军。

离汉前与周恩来道别

贝特兰在武汉待了一段时间，离开前，他专程去武汉八路军办事处和周恩来告别。

贝特兰写道：“周恩来在汉口紧张的这些日子，一定是睡得很少，因为他常常是忙于重大的交涉，但是他的态度依然是很温和，而且具有外交的手腕。”

周恩来告诉贝特兰，他对汉口政治上的进步抱乐观态度。周恩来也表达了不满：对于中国抗战，那些和中国有关的“民主国家”采取了含糊可疑的态度。他说，中国在抗战成功前，需要从外国取得各种可能的帮助。如果他们战胜了日本，更需要各国经济上和技术上的帮助，以建设战后的中国。

贝特兰记录下了周恩来说的话：“我们不但在战时，而且在战后，都要继续拥护统一战线……”

周恩来委托贝特兰把一份有关八路军伤员医疗需求的报告，带给正在香港筹建保卫中国同盟的宋庆龄。

告别周恩来后，贝特兰还和一名八路军卫兵话别。这位卫兵不到二十岁，从延安到汉口一直在贝特兰身边。他聊到带卫兵去英国，卫兵说他不怕坐去海外的轮船，但是他现在要参加保卫华北的斗争。

贝特兰结束在汉口短暂的逗留，就此告别武汉。抗战史专家章绍嗣介绍，贝特兰在汉口拟就了《华北前线》一书的大纲，仅仅写了“序幕：战争的前夜”中的几节，就匆匆赶赴香港。

半年后，他的《华北前线》在英国出版。这是贝特兰向世界推出的第二本报道中国抗战的著作。战后，贝特兰来过中国。他说要再来武汉，却没有了机会。贝特兰说这是一个“非常大的遗憾”。

（本文选自《长江日报》，有删减）

抗战勇士库里申科：为保护飞机和居民力竭而死

文 / 赵　宾

抗日战争时期，有一位苏联飞行大队长来华同中国人民并肩作战。他动情地说：“我像体验我的祖国的灾难一样，体验着中国劳动人民正在遭受的灾难。”

这位伟大的国际主义战士、苏联援华抗日勇士，名叫格里戈里·阿基莫维奇·库里申科。在中国人民抗日战争纪念馆和重庆万州革命烈士纪念陵园，都有关于这位援华抗战苏联勇士的记载。

格里戈里·库里申科烈士墓全景和库里申科像

援华抗日

抗战全面爆发后，原本就薄弱的中国空军经过四个多月的艰苦奋战后，可用飞机只剩三十余架，面对不断增加的日本陆军、海军航空队的空袭，已无力反击，制空权全部落入日本空军之手。

危难之时，苏联人民伸出了友谊之手，从 1938 年初至 1939 年夏，分批派出了优秀的飞行员——苏联空军志愿队，驾驶飞机来到中国，参加中国人民的抗日战争。

据苏联公布的战史资料，从 1937 年 12 月在南京上空秘密参战，到 1939 年基本从各机场撤出，共有两千多名苏联空军来华，其中七百多人直接参加了保卫南京、武汉、南昌、重庆、兰州等地的二十五次战役，出动飞机千余架次，击落日机一百余架，炸沉日军各舰船 七十余艘。

据资料显示，在来华的两千多人中，有二百多位苏联志愿空军壮烈牺牲。在所

有牺牲人员中，职务最高的有两位，一位是轰炸机大队长库里申科，一位是战斗机大队长拉赫曼诺夫。两人都是直接从苏联红军的现役空军中调来的。

培训神鹰

库里申科，1903年出生于乌克兰，苏联飞行大队长。1939年5月，他和考兹洛夫受苏联政府派遣，率两支达莎轰炸机大队来中国援助抗日，进驻成都双流太平寺机场。

初期，他们对中国飞行员进行技术培训。每天清早，英武的达莎轰炸机挺立在成都南郊太平寺机场上，加油车四处奔跑，飞机的发动机开始吼叫，划破了寂静的晴空，库里申科一天的教练课程就正式开始了。

库里申科大队长对中国飞行员要求非常严格，一丝不苟。讲解达莎的性能、特点、操作方法，深入浅出，通俗易懂。每次起飞前，库里申科都要亲手为受训的飞行员系好安全带、关好座舱盖，并经常亲自带飞。为了纠正学员不规范的飞行动作，他常在空中反复演示。有时为了纠正学员落速或进入机场角度方面的偏差，他往往连续带飞三四次，直到学员掌握了要领才罢休。

用自己的耐心和过硬的技术，库里申科和战友们将一批批中国飞行员送上蓝天，用自己的鲜血和生命保卫着中国后方城市的安全。

空中“老虎”

库里申科是位优秀的苏联共产党员、空军少校、大队长，为人刚直不阿，战斗勇敢顽强，人称“老虎”。

库里申科和考兹洛夫分别率领两个飞行大队，都装备有先进的达莎远程轰炸机。他们的到来，给经常遭受日本空军轰炸的重庆、成都、西安等后方城市的人民带来了巨大的鼓舞。

他们率领的苏联空军志愿队，一面直接参加对日军的空军作战，一面担负着训练中国空军人员的任务。他们始终以高度的无产阶级国际主义精神和无私无畏的牺牲精神，进行忘我的战斗和劳动。

8月中旬，他们开始执行对敌轰炸任务。他们飞向日军占领的武汉，轰炸日本侵略者的军事设施后，完成任务顺利返回基地。10月3日，他率领苏联轰炸机大队轰炸日本占领的武汉，炸毁日机六十余架。

库里申科曾多次飞过宜昌、沙市，飞向日军占领的武汉上空，轰炸日本侵略者的军事设施，每次他都安全返航。

同仇敌忾

库里申科对中国人民有着深厚的感情，他曾充满感情地对翻译说：“说实话，我像体验我的祖国的灾难一样，体验着中国劳动人民正在遭受的灾难。我每当看到日本飞机炸毁的建筑和逃难的人群就难过。日本人为什么要来轰炸在大路两旁的田地里劳作着的中国农民呢？”

他也为中国人民不屈不挠的抗战精神所感动，“中华民族并没有被日军的野蛮侵略和血腥屠杀所吓倒”。

他经常教导学员：“飞机是国家财产，中国抗战需要飞机，从苏联运飞机到中国非常不容易，损坏一架就少一架，损坏一个零件，都要从万里之外补充。”

他还说：“苏联人民是真诚支持中国人民抗战的。对资本主义国家的教官来说，你们多损失一架飞机，他本国的资本家就多卖一架飞机，多赚中国人民一笔钱；而苏联没有资本家，我们苏联飞行员来培养中国飞行员，不是为了赚钱，而是为了支援中国人民打击侵略者。”

血洒万州

1939 年 10 月 14 日，东方刚刚露出曙光。库里申科和副大队长马卡罗夫接到作战命令，率领机群出击日军某军事基地。他立即率队驾机迅速沿长江飞去。飞临武汉上空时遭到日军机群的拦截，一场激烈的空战展开，库里申科沉着地指挥机群，对敌机展开攻势。

激战中，库里申科击落敌机六架。凶恶的敌人妄图做垂死挣扎，以三架零式战斗机包抄库里申科的领航机。他的飞机遭到重创，单机冲出重围，使用右边的一个发动机沿着长江溯江向驻地西返。

飞机飞过湖北宜昌，越过长江三峡，飞到了重庆东边上空。万川毕汇，万山叠嶂。下午 2 时，库里申科的飞机飞至万州红沙碛上空时，突然失去控制，机身失去平衡，马达轰鸣如闷雷，飞机剧烈晃动。

“不能再继续飞行了，必须紧急着陆。”库里申科驾驶飞机在万州长江南岸的陈家坝上空盘旋一阵，陈家坝太小，重型轰炸机难以在此着陆。跳伞吧，飞机将会摔坏。

“不行，一定要把飞机保住。”在这紧急关头，库里申科把生死置之度外。为了飞机免遭损毁，保持飞机的完整和万州居民的安全，他紧握操纵杆，用高超的技术操纵飞机。只听见一声呼啸，飞机坠落在距离万州红沙碛约两百米的聚鱼沱。

飞机入水时，库里申科叮嘱同机的轰炸员和机枪手脱掉飞行服游向江边，并命令他们记住岸边特征标记，以便将来打捞。

库里申科机上的战友，游到岸上脱离了险境。而此时，经过几小时激烈战斗的库里申科，由于体力消耗太大，疲劳过度，再也无力跳出机舱，被汹涌的浪头卷入了江底。瞬间，无情的江水吞噬了他年轻的生命。

不会忘记

库里申科的英雄事迹，很快传遍中国，但是在他的祖国却毫无反响。当时苏联援华志愿人员的去向是保密的。库里申科在给妻子的家书中也只是这样写道："我调到东方的一个地区工作，这里人对我很好，我就像生活在家乡一样。"

几个月后，库里申科的妻子接到一份军人阵亡通知书，上面写着："格里戈里·阿基莫维奇·库里申科同志在执行任务时牺牲。"至于牺牲的具体经过和葬身地点，家人全然不知。

二十世纪五十年代中期，库里申科的女儿莫娜的同学中有不少中国留学生。一天，一位中国留学生叫住莫娜："在中国，人们一直缅怀一位苏联飞行员，他的姓和你一样。我们早就想问你，你是他的亲属吗？"直到此时，莫娜才知道她父亲的下落。

1958 年国庆前夕，中国红十字会代表中国政府向库里申科的遗孀和女儿发出邀请，请她们到中国做客，并赴万州祭扫亲人墓地。在北京的国庆招待会上，周恩来总理握着库里申科妻子和女儿的手说："中国人民永远不会忘记格里戈里·库里申科！"

几十年过去了，库里申科英雄事迹依然在神州大地传颂，他的事迹被编入了万州的小学教材……

（本文选自《人民政协报》，有删减）

记保加利亚医生甘扬道：跨越国境线的大爱

文 / 何依蕾

1939 年 8 月 5 日，甘扬道、贝尔、杨固、富华德等从英国启程来华，在“安尼亚斯”号轮船上留影

甘扬道，原名扬·卡内蒂，1910 年出生于保加利亚卡赞勒克。1935 年，从索菲亚大学医学专业毕业，后与三十余名来自捷克、德国、匈牙利、奥地利、罗马尼亚、波兰等国的医生从英国伦敦辗转来到中国。

在当年战火纷飞的中国，生存环境异常艰难。中国红十字会救护总队护理主任周美玉曾在采访中提到：“图云关到处是大山，大家住的是草房，睡的是三层铺，逢到雨天，外面下雨，里面漏水，睡在最上铺的人还得打伞。屋子里常有穿堂而过的老鼠，一年之中好几次断粮。”对于当年在图云关工作、生活的窘境，甘扬道的二儿子保华介绍说：“我父亲曾经和我们说起过，在那里的一切都很艰苦，吃的住的都很艰苦，要知道那里是抗战的前线，吃饱穿暖对于每个人来说都是不可能的，他们几乎什么都吃，饿的时候甚至吃过麻雀。”

事实上，对于献身于抗日战争的国际医疗队来说，最大的难题不是衣食住行的问题，而是与病人、同事之间的交流障碍。曾潜心研究国际援华医疗队历史多年的戴斌武博士说：“他们跟当时救护总队的其他人就用手势、表情、肢体语言来交流。当时的翻译也很少，懂英语的人也不多，懂小语种语言的就更少了。在工作中，因为受伤的都是中国的战士，双方之间都不知道（对方说什么），为了克服困难，最后他们不得不学习汉语。”

对于甘扬道来说，学习汉语为他的人生开启了一扇新的大门。在图云关，他结识了一位通晓英语和俄语的中国护士，她便是后来成为他妻子的张荪芬。谈及当年的细节，贵州文史专家史继忠表示：“因为张荪芬喜欢唱歌、跳舞，个子娇小。她每天都在图云关教这些医护人员唱歌，突然有一天发现歌声当中有一点不协调，最终注意到了甘扬道。他中文的发音很别扭，和别人不一样。所以她就和他说你要学会唱歌就要先学会中文，讲中国话，然后她就帮助他讲中国话。”

共同的理想追求让志同道合的两人很快走到了一起。1942 年，甘扬道与张荪芬的婚礼在图云关的一间茅草棚中举行。第二年，大儿子呱呱坠地，取名“保中”；三年后，二儿子出生，取名“保华”。两个儿子既是夫妇俩爱情的结晶，也寄托了他们保卫中华、捍卫和平的赤子之心。幼时曾在中国生活过的保华如今仍能说一些简单的汉语，但他笑称自己的中文水平与父亲相差太远了。“我父亲来中国前是一句中文都不会说的，但离开中国时他已经能说一口流利的中国话了，甚至回到保加利亚后只要有机会拿到中国的报纸杂志，他就会阅读。”

甘扬道、白尔、杨固、富华德在图云关合影

1945 年，随着德国与日本的无条件投降，第二次世界大战以同盟国的胜利告终。同年 8 月，甘扬道带着妻儿一起回到了他的祖国。为了表彰他在世界反法西斯斗争中的卓越贡献，保加利亚政府授予甘扬道“共和国勋章”。

谢学敏曾是中国新华通讯社驻保加利亚记者，十年间，曾多次采访过甘扬道。在谢学敏印象中，性格爽朗的甘扬道高大魁梧，信念坚强。“他就是属于特别追求进步的青年，受到很多欧洲先进思想的熏陶，觉得不能容忍世界上一个民族受到别的民族的侵略和压迫。中国人在遭受日本侵略者屠杀、欺凌的时候，他毅然地和这批（外国）医生来到中国，他在信仰上是很坚定的，（就是）追求建立一个平等的社会。”

回到保加利亚后，甘扬道夫妇积极推动中、保之间的文化交流。甘扬道继续从事医务工作，在医学院担任教授；张荪芬在大学教中文，还编纂了保加利亚有史以来的第一部双语工具书《保加利亚语汉语词典》。1983 年和 1989 年，甘扬道夫妇两度重返中国，探访阔别多年的图云关，他们在国际援华医疗队纪念碑前留影，并在牺牲的英国医生高田宜的墓前献上鲜花。保华表示：“战争是可怕的，但抗战的过程也给人们带来了相遇的契机，我们的父母就是在抗日战争最艰苦的时候相遇、相知、相爱，结成家庭。现在在索菲亚经常有一些（关于中国的）文化活动，我很开心这份中、保之间的联系可以延续和加深。”

2004 年，国际援华医疗队最后一位在世的医生甘扬道在索菲亚的家中逝世。2010 年，妻子张荪芬与世长辞。对于中国来说，甘扬道的故事不是一个人、一个家的故事，而是一个国家、一个年代的缩影。

（本文选自国际在线）

怀念柯棣华和傅莱

文/洛　林

抗日战争时期，华北根据地的国际友人、白求恩医院的柯棣华（印度人）和傅莱（奥地利人），是我永远不能忘记的救命恩人。

1942年在晋察冀边区，我随着机关干部队伍来到驻扎在唐县的“白校”——白求恩医院。大家是来这里检查身体的。根据地的医疗设备非常缺乏，白求恩医院里的柯棣华和傅莱两位大夫，研究出一个土洋结合的办法：利用老百姓浇地的水渠，驱动一台小小的发电机，并在水渠上架个小木桥，桥上建了一间只够两个人使用的小黑屋，屋里装着一台小型X光透视机，用它来给干部、战士进行肺部的透视检查。

大家都检查完了，医院的工作人员拿来一封写好的信交给我，说：“请你把这封信交给你们单位的领导。”我拿着这封信，非常奇怪地想：为什么别人检查了身体都没有信？只给我了一封信，还要交领导？难道是因为我有肺病？

这封信让我陷入了痛苦的回忆：我的四个哥哥全被肺结核先后夺去了生命，母亲也为此哭干了眼泪，但日本侵略者绝不会给一位伤心欲绝的中国母亲丝毫的同情。没想到，噩运也降到了我的头上。1939年在北平协和医院给我检查肺部时，我也被确诊为肺结核患者。当时，十五岁的我被迫休学。但是如果休学，就不能再搞地下工作。为此，经过我再三向组织上要求，领导上才批准我带着肺结核病来到抗日根据地。当时我还不太了解这个病的严重性，也从没有被这个病压倒过。

拿着这封信，心里一直忐忑不安，按捺不住那份疑问，最终还是把它拆开看了。哎呀！这一看可不得了，我痛哭起来。原来，信中写的是：这个孩子已经只能再活半年左右，她还年轻，而且，只有一个肺有肺结核，另一个肺是好的，正符合我们做“人工气胸”疗法试验的条件。希望见信后，送她来白求恩医院进行治疗。

一阵巨大的悲痛压迫着我，我情绪低落，恨这场战争，更恨日本人连看病的时间也不留给我。但是，组织上并没有放弃我，领导和同志们反复劝说我接受治疗。我想，暂且“当着活马医”吧，便同意去接受试验治疗。

柯棣华

白求恩医院虽然设在农村，各方面的医疗设备十分简陋，但在当时，它却是晋察冀边区唯一的一流医院。另一位姓李的女同志和我同样来治疗。我们不但不懂什么叫“人工气胸疗法”，更不懂什么科学试验，很紧张。傅莱大夫和柯棣华大夫十分重视，他们一面耐心地给我们讲解治疗肺病的严重性，讲解什么叫“人工气胸疗法”，一面亲自带我们去看试验室，边参观边介绍。虽然程序复杂，而且由于条件所限，用的是土方法，但我了解后心理压力还是小了一些。

在二十世纪四十年代，除了大城市里个别外国医院刚刚有青霉素之外，中国还没有治疗肺结核的药，没有土霉素、链霉素等抗生素。在当时的敌后根据地，更是缺医少药，许多患上肺结核的干部得不到及时治疗。所以，这两位国际友人创造出这种土法来进行试验，我和李同志被选为第一批的试验者。

傅　莱

傅莱大夫负责为我做手术治疗。他十分耐心地向我说明“人工气胸疗法”的好处，甚至在进行手术时，也不断地讲述：“这一针只有火柴棍一样粗细，扎入胸腔并不很痛。”很快他就往我的胸腔里打气，我没有什么感觉。几分钟后，停止打气并拔出针，他用消毒纱布盖上那小小的伤口，手术就完事了。

我和李同志先后结束手术被送回病房。回到简陋的病房后，意外地发现，我的床上竟挂上了蚊帐。这蚊帐在根据地是罕见的东西，老百姓没有，广大的干部和军队首长也没有。成天行军打仗，哪有蚊帐可以挂？住了不久，中国医生对我讲：“由于你们俩是做人工气胸疗法的，在胸部打入气以后，一个肺被压平了，停止了呼吸，翻身起床都有一些困难。两位国际大夫怕你们被蚊虫叮咬难受，便主动地把自己的蚊帐

拿出来给你们用。并且，把自己每天喝的羊奶也拿来给你们喝。全是为了你们更快地恢复健康。在咱们目前的条件下，整个晋察冀边区恐怕只有这两位国际友人才有蚊帐和每天喝羊奶的待遇。你们可要珍惜啊！”

我一时哽咽了……

两位洋大夫每天来看我们一两次，十分关心我们能否睡好、吃好。傅莱大夫常来为我们检查肺。为了让我安心养病，有一次他把听诊器交给我，让我听听自己的肺。我仔细地听，果然，一个肺呼吸得很有劲，另一个肺完全听不到声音了。傅莱大夫十分耐心地告诉我：“有病的肺长时间休息，就好得快。”

因为享受这样超级的待遇，又得到无微不至的关怀，我们的身体恢复得很快。据柯棣华大夫说，最少需要休息三个月左右的时间，但刚刚休息一个多月，日军就来“扫荡”了。为了安全，医院把我送到一座很高的大山上去了，那里住着五六户老乡。据说，那是最安全的地方，日军一般“扫荡”到不了那地方。

我住在那山顶上，每天用自己的铁质小瓷碗熬小米粥喝，老百姓有扁豆角，把它放入小米粥里，再放点盐。每天吃这样的饭，对身体恢复很有益，病情一天天好起来。

转眼两个多月过去了，我也听不到山下日军“扫荡”的情况，可按一般规律，日军“扫荡”不可能时间这么长。所以，我自己决定下山。我一个人背着的被子，告别老乡，边下山，边打听敌情，终于回到了自己的部队。从此我不再吐血了，但我记住了傅莱大夫的嘱咐“要多吃豆腐拌大蒜”。我每到一村，就打听村中谁家卖豆腐。我总是买或用米饭向老百姓换一块豆腐，然后把大蒜和豆腐拌在一起，放点儿盐就吃下去。

1943 年的一天，傅莱大夫一行途经晋察冀第四分区的驻地，准备赴延安。他十分关心我的病情，通过领导找到了我。我接到通知马上去看他。见到青春满面、健康活泼的姑娘，他开玩笑地批评我：“为什么不把自己的病情告知我？”

的确，我是他们为了治疗根据地军民的肺结核病的第一位科学试验对象，应当及时告知病情。可当时的环境艰难，相互联系更难。他也知道，我是无法找到他们的。他看我精神状态很好，但手头没有仪器，无法检查治疗的情况，只好告别。

抗日战争时期，医术高超的国际友人白求恩、柯棣华、傅莱三位大夫为了中国人民的解放事业不远万里来到中国，来到我们晋察冀边区。没想到机缘巧合，他们中竟有两位给我治过病。更没想到我和傅莱大夫的友谊会源远流长：从 1943 年分别，1946 年在张家口的大街上相遇为我做 X 光检查，直到中华人民共和国成立后，在北京我们经常往来叙旧，甚至2002年傅莱大夫病重入院，也依然关心我的离休生活和写作。

傅莱大夫于2004年11月16日在北京病逝，享年八十四岁。他的墓地就在他战斗过的唐县的晋察冀烈士陵园，与白求恩、柯棣华大夫墓地毗邻。墓地墓碑上书“傅莱之墓”，墓两侧对联是“辗转万里投身中国革命事业　奉献一生弘扬国际主义精神”。墓地中部是傅莱大夫的半身汉白玉雕像，后面墓地六角形石座上安放了一个刻有世界地图的地球。

白求恩、柯棣华和傅莱为了中国人民的解放和建设事业献出了毕生的精力，我们永远怀念他们。

（本文选自《学习时报》）

陈纳德外孙女谈飞虎队抗日：飞机缺零件，有时用口香糖补弹孔

文 / 尼尔·凯乐威

2015 年 3 月，我有幸赴中国，参加美国飞虎队桂林遗址公园开园仪式。回到美国后，我一直不断回想起我的外祖父陈纳德，以及他所深爱的中国和中国人民。

于我，中国人民如同家人一般。我总是带着感激的心与中国人民一起讲述我外祖父和飞虎队的故事。1937 年，外祖父应宋美龄之邀来到中国，当时美国并未参战。在给弟弟比尔的信中，他写道："这份工作或许意义非凡……我的'绵薄之力'有可能影响历史。没有几个路易斯安那出身的小伙子能得到如此罕有的机会去改变未来的历史走向，我不能拒绝。"

外祖父到中国后不久，七七事变爆发了，卢沟桥上的炮火让他感到自己必须留下。"我相信日本对中国的侵略战争将会是未来太平洋战争的前奏，美国也会被卷入其中。"陈纳德在其自传《战士之路》中回忆道。

挑战是艰巨的，陈纳德与他的飞行员们面对着似乎是不可逾越的障碍。一开始，飞虎队能够随时应战的飞机不足五十架。飞机零件一直短缺，为了能让飞机起飞，有时机械师不得不用口香糖和胶带去填补机身上的弹孔。

飞虎队飞行员们准备起飞迎敌

作战时，飞行员们两两为一组，利用速度和俯冲的力量从日机身边擦过，猛烈射击，随后两架飞机分开。利用陈纳德所创的"打了

就跑”的空中游击战术，飞虎队取得了一次又一次的胜利。由于在飞机数量上处于劣势，战斗时他们不得不以一敌十。飞虎队员们战胜了一切困难，从未被打倒。在陈纳德指挥下，飞虎队共击落敌机近三百架，击毁或重创了二百二十三万吨敌军货船、四十五艘日本战船，歼灭日军近七万人。

中国百姓给予飞虎队极大的支援。他们冒着巨大风险，争分夺秒修建跑道，并在空袭期间做好掩护措施。每一名飞虎队成员的飞行衣背后都有带中文信息的“血符”，也被称为“救命符”。当飞机不幸被击中或发生故障坠毁时，中国百姓只要看到佩戴“血符”的人就会进行救护，并将他们安全带回机场。可以说，与中国人民携手作战是飞虎队击退日军、取得最终胜利的关键。

我的外祖父在自传中写道：“我衷心希望飞虎队的精神能延续下去，作为在太平洋两岸的美中两国人民为和平共同奋斗的象征被后人所铭记。”这番话现在看来依然重要。

我们的使命并未终结。2015 年 9 月，陈纳德航空军事博物馆将举行世界反法西斯战争胜利 70 周年纪念活动，将再现这段美中军民共同战斗的历史。过去的敌人已经被击溃，但挑战犹存。若想在二十一世纪继续维护和平，美中两国就必须携手合作。外祖父对中国人民的爱、尊敬和赞美并不只是因为当时两国政治上属同盟关系。他作战不为名不为利，而是出于对每个生命价值的尊重。作为陈纳德航空军事博物馆馆长，我期望能够接过陈纳德将军当年一手创建的事业，牢记美中两国在抗日战争中缔结的深厚友谊，在陈纳德将军和飞虎队留下的美好情谊的基础上，进一步推进美中两国关系的发展。

（本文选自《人民日报》）

爱泼斯坦情系“人民之战”

文/李　琰

一个采访过中国最高领导和普通百姓的国际记者，一个目睹了中国二十世纪巨变的见证者，一个将自己的命运融入中华民族发展中的参与者，一个为宋庆龄撰写最权威传记的作家。他，就是伊斯雷尔·爱泼斯坦。

爱泼斯坦

和爱泼斯坦志同道合、相濡以沫二十年的黄浣碧老人，这样解释道：“每当艾培（爱泼斯坦的昵称）被问起为何要留在中国，他总是毫不迟疑地说，‘我爱中国，爱中国人民，中国就是我的家，是这种爱把我的工作和生活同中国的命运联系在一起’。”

爱泼斯坦的父母是革命者，1917年，年仅两岁的他随父母离开祖国波兰，流亡到中国哈尔滨，三年后在天津定居。彼时的中国内战和饥馑导致民不聊生，残酷的现实冲击着爱泼斯坦稚嫩的心。后来，中国青年学生与广大群众的抗日救亡大潮汹涌澎湃，点燃了他内心酝酿已久的激情。他决意投入这一伟大事业，尽可能为之作出贡献。

“卢沟桥事件爆发后，艾培当时已经是美国合众通讯社天津分社的记者，立刻投入中华民族的抗日战争报道。随着战局变化，他奔赴上海、南京、武汉、广州等硝烟弥漫的前线采访。”黄浣碧老人说。

1939年，爱泼斯坦在伦敦出版了首部著作《人民之战》，以第一手的报道和观察，向全世界展现中国人民抗战初期的成绩。这位二十四岁的记者在书中坚信“中国人民有着赢得最后胜利的意志和潜力”。引领爱泼斯坦走上革命道路的美国著名记者埃德加·斯诺曾如是评价：“这是极为出色的战时新闻作品，是作者怀着同情之心理解中国的希望而写成的。”

广州沦陷后，爱泼斯坦应宋庆龄之邀赴香港参加保卫中国同盟，负责国际宣传工作。他和新西兰记者贝特兰轮流编辑出版英文半月刊《新闻通讯》，支持世界人民的反法西斯斗争，特别是向世界介绍中国人民抗战的真实情况，以争取国际社会对中国抗战的了解与援助。

1944年，中国全民族抗战进入第七个年头。当年5月，爱泼斯坦作为美国《劳动联合新闻》《纽约时报》《时代》杂志的记者参加中外记者团，深入延安及晋西北采访，刊发了一批真实反映中国人民抗战的新闻通讯，国际社会正是从这些外国记者不同角度记录中国抗战的报道中，对中国成为世界反法西斯重要力量有了更客观的认知。

在抗日战争末期，爱泼斯坦前往美国生活，对他来说这不过是支持中国战斗的阵地转移而已。五年时间，爱泼斯坦把在中国的所见所闻所感写成书，《我访问了延安——共产党领导的中国西北解放区目击记》《中国未完成的革命》《中国劳工札记》相继在美国出版。“中国实际上成为我写作的唯一主题。”爱泼斯坦这样说道。

九十载岁月，八十二年在中国，爱泼斯坦为中国工作了七十三年，他一直以此为骄傲：“在历史为我设定的时空中，我觉得没有任何事情比我亲历并跻身于中国人民的革命事业更好和更有意义。”

（本文选自《人民日报》）

绿川英子：中日人民的忠实女儿

文/刘　尧

1980年，中日两国合拍了一部名为《望乡之星》的电视剧，描述了出生于日本的女主人公为反对日本帝国主义侵略中国，冲破重重阻碍，与中国人民并肩战斗的故事。她就是被周恩来称为“真正的爱国主义者”的绿川英子。

中国媳妇走上抗日战场

1912年3月7日，绿川英子出生在日本一个工程师家庭，原名长谷川照子。

绿川英子

“绿川英子”是她用世界语取的名字，意思是“绿色的五月”，“绿色”象征和平，是世界各国人民的美好理想，“五月”则代表着团结斗争。

1929年，英子考入奈良女子高等师范学校。湖北省原世界语协会理事长张正心在《绿川英子在武汉的战斗岁月》一文中写道，九一八事变之后，绿川英子的思想开始“向左转”。1932年6月，她开始学习世界语，与左翼文化人士接触，参加反对日本军国主义的抗议活动。

后来，英子被以“反对政府”的罪名逮捕，释放后又被学校开除。

1935年，英子在东京结识了中国留学生刘仁，两人于次年结婚。当时，一些日本人认为嫁给中国人被认为是一件“非常羞耻”的事。世界语者叶籁士在一篇文章中写道：“连鹿地亘（日本进步作家、反战人士）这样自诩革命者的人，在这个问题上也对绿川风言风语，大加奚落。”

1937年1月，刘仁回国。4月，刚满二十五岁的英子冲破家庭的阻挠，追随丈夫走上了中国的抗日战场。

从武汉向日军广播“喊话”

1937 年 6 月，绿川英子参加了上海群众要求释放“七君子”的示威游行。史料记载，她是当天游行队伍中唯一的外国人。

目睹了日军制造的八一三事变，英子写下了《爱与恨》《中国的胜利是全亚洲明天的关键（致日本世界语者的信）》等文章。她在《爱与恨》中写道：“我憎恨，我竭尽全力地憎恨在两国人民之间进行的那种屠杀。我的心叫喊着：为了两国人民，停止战争！”

1938 年 6 月底，在郭沫若等人的帮助下，英子和刘仁来到中国当时的抗战中心武汉，在国民党中央宣传部国际宣传处从事对日广播工作，公开参加中国的抗日战争。

湖北籍世界语者胡国柱的回忆文章中描述了英子第一天上班的情景：1938 年 7 月 2 日，绿川英子从她的住处上海路十五号，来到武汉怡和街怡和洋行楼上的国际宣传处，做播音的准备工作。19 时整，她柔和而流畅的女中音，随电波传向四面八方。她用日语向日本国内人民，向正在中国作战的日本士兵大声疾呼：“日军同胞们！别错洒了鲜血！你们的敌人不在隔海的这里……”

“中国一定会胜利”

在武汉期间，除对日广播外，绿川英子还参加了武汉人民群众“献金运动”等各种抗日活动。

7 月中旬的一天，绿川英子由汉口乘船过武昌，来到设在昙华林的政治部第三厅，会见了“东北抗日游击队的母亲”、抗日女英雄赵老太太。

据《绿川英子在武汉》一文记载，赵老太太对绿川英子说：“孩子，谢谢你来帮助我们中国抗战。我们两个国家正需要你这样的人！”又说，“你的娘家在日本，婆家在中国，你应该为咱们两个国家努力工作！”绿川英子回答说：“老妈妈，我一定不辜负您的厚望！”

7 月 29 日，绿川英子参加了留学法国、比利时、瑞士同学会欢迎《日本的泥足》的作者、英国女作家阿特南的茶话会，出席者有文艺界知名人士老舍、邵力子、胡秋原、胡风、叶君健等三十余人。

绿川英子发言时首先说：“我说不好中国话和英语，也不好意思用侵略者的日语，只好用世界语，因为世界语标志着人类的爱及和平！”

她接着说：“我希望中、日、英三国人民团结起来，打倒日本帝国主义！中国一定会胜利！”当叶君健用中文、英文翻译出这段话时，会场上响起了热烈的掌声。

世界语学者和散文家

绿川英子是一位世界语学者，更是一位散文家。

1938年8月20日，她用刚学会的汉语在《新华日报》上发表了《日本朋友慰劳信——绿川英子致前线士兵书》，表达她对“拿自己的血肉来保卫中华民族的英雄们”的崇高敬意。

《武汉抗战史要》里收录了这篇文章：“假如我有百个身体，要到前方的日本军队去，同他们好好谈一谈，不让他们再杀中国兄弟、中国老百姓。假如我有千只手，要到所有战线去，给你们中国士兵绷一绷受伤的地方，替你们洗一洗衣服。但可惜得很，我只有一个身体，只有两只手，只有留在汉口，帮你们做点后方的事情。但，我努力地做下去，因为这也是必要的。”

两国人民忠实的女儿

1938年10月26日，武汉沦陷的第二天，绿川英子撤离汉口。

不久，日本东京警视厅查到那个操着流利日语进行反战宣传的播音员就是长谷川照子。

11月1日，日本东京报纸《都新闻》在头版显著位置登出了绿川英子的照片，并骂她是“用流畅的日语，恶毒地对祖国作歪曲广播的娇声卖国贼和赤色败类”。日本军国主义分子还给她的父亲写恐吓信，让他“引咎自杀”。

面对同胞的攻击，绿川英子表示：“谁愿意叫我卖国贼，就让他去叫吧！我对此无所畏惧。”

英子从武汉来到重庆，在郭沫若领导的抗敌文化工作委员会工作。《把青春热血洒在中华大地》一文记载，1941年7月27日，在重庆文化界人士的一次聚会上，绿川英子见到了周恩来。

周恩来对她说：“日本军国主义把你称为‘娇声卖国贼’，其实你是日本人民忠实的好女儿，真正的爱国主义者。”

英子听了很激动，她说：“这对我是最大的鼓励，也是对我微不足道的工作的最高肯定。我愿做中日两国人民忠实的女儿。”

（本文选自汉网）

今野博，为抗日献身的日本八路

文 / 邓撰相

在伟大的抗日战争中，中华儿女前仆后继、浴血奋战，终于粉碎了敌人妄图侵吞中国的美梦。其间，一些参与侵华的日军在我军的感召与教育下，幡然醒悟，倒戈相助，与我军一起，英勇无畏，与日寇进行着一次次殊死搏斗，直至最后献出了宝贵的生命。今野博即是其中之一。

今野博（又名金野博、中野博），日本秋田县人，1919 年生。毕业于秋田县实业学校。1939 年春，应征入伍，编入侵华日军第三十二师团长田大队。五月随军入侵中国，从青岛登陆，驻山东省汶上县。8 月 2 日，随军到梁山“扫荡”，在独山庄战斗中与十三名同伙一起，被我八路军一一五师俘虏。9 月 13 日夜，与同伙趁暴风雨逃跑，淹死三人，今野博又一次被俘。

被俘后，今野博思想十分顽固，感到没能战死于疆场，愧对天皇，企图自杀，幸亏被八路军及时发现，才自杀未遂。

为了转化其反动立场，八路军指战员和“日人觉悟联盟”对他进行了耐心教育，使他逐渐认识到日本帝国主义的反动本质，认识到他们发动侵华战争给中日两国人民带来的严重灾难，从而产生了强烈的反战思想。

1941 年 6 月 2 日，今野博与大喜正、上中庄太郎、板谷正三、本桥超智等在华日本人发起成立了“在华日人反战同盟山东支部”，任宣传委员。成立大会上，与会人员一致通过《在华日人反战同盟山东支部宣言》《工作纲领》《告日本士兵书》等，郑重宣布：我们挣脱日本军阀的枷锁，参加中国人民抗日阵营，得以亲近如此伟大民族的革命战士，感到无比光荣。我们一定要竭尽全力，在这场空前未有的大灾难中，唤醒日本劳苦大众，推进反侵略运动，促使被日本军阀、财阀压榨下的日本、朝鲜、中国台湾的人民及早觉醒，结成反侵略的统一战线，消灭人类的共同敌人——日本帝国主义。

1941 年 6 月，“在华日人反战同盟山东支部”在沂蒙成立，大西正任会长，上申庄太郎任副会长，今野博、板谷正选为委员

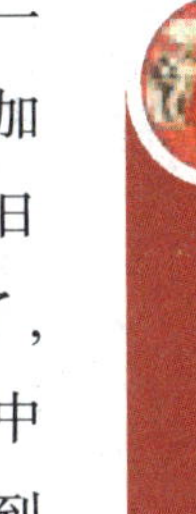

同年 7 月 1 日，今野博与一些盟员在山纵驻地慷慨宣誓参加八路军。并于 22 日在《大众日报》上发表题词：“我们醒悟了，我们坚决站在革命立场上，为中日两国人民彻底解放——奋斗到底！”不久，今野博到“日本工农学校山东分校”参加汉语、修养讲座，学习中文与一些政治常识与时事等。结业后，化名中野博到鲁中区从事反战活动，任反战同盟鲁中支部支部长。

1943 年 7 月，今野博被滨海军区派遣到日照，随山东军区第四武工队在日照城南一带日军据点做反战工作。他用写信、打电话、寄慰问袋、喊话、个别谈话等方式瓦解日军。在武工队的掩护与配合下，他努力开展对日军据点日军翻译的争取工作，并和他交上朋友。通过翻译，武工队掌握了据点内日军的大量情报，为消灭日照日伪军奠定了基础。

为便于工作，武工队队长于镜清为他将名字中的“今”改为“金”，从而更像一个中国名字。大家都亲切地喊他金部长、老金，与他结下了深厚的友谊。

1943 年初秋的一个夜晚，第四武工队出动三十多人包围了日军驻付疃河的据点，由今野博与翻译联系，先将装有宣传品的宣传袋送入据点，然后用日语对碉堡内的日军喊话。从日军在国内的亲人受难，讲到侵华战争的惨无人道；从日军内部的残暴讲到八路军优待俘虏的政策……号召日本士兵勇敢地站到“日人反战同盟”一边……亲切、热情、声情并茂的话语对据点内的日军产生了强烈的震撼。开始喊话时，他们还不时地打冷枪，后来据点里悄无声息。

此后，今野博多次对日照各个日军据点喊话。随着八路军武工队的军事打击和今野博的宣传，日军士气低落，不少人表现出厌战、思乡的情绪……县城东门碉堡附近与东海峪村旁先后发现了一些日军自杀的尸体。

之后，今野博又对日照城的日军进行策反工作。在武工队和日照敌伪工作站的帮助下，他很快与日照城里的日军翻译接上了头，并努力开展反战宣传。当那个日军翻译了解到今野博是真正的日本人，是日本反战同盟的战士时，他恭敬地向今野博鞠了一躬，羞愧地说：“你是日本人，帮中国抗日救国；我是中国人，却帮日本打中国。惭愧，惭愧！”从此他不断地通过今野博向我军提供重要情报。

1944 年 7 月，今野博由武工队护送回根据地，向“在华日人反战同盟山东支部”汇报工作，夜宿高兴区汪家庄子。次日拂晓，今野博与到高兴区“扫荡”的日伪军遭遇，在突围中不幸被俘。

之后，武工队多次营救无效，今野博被押到日照城，又转到侵华日军驻济南宪兵队部。面对酷刑，今野博坚贞不屈，始终闭口不言，后来滔滔不绝发表讲演，揭露日本帝国主义的侵华暴行，庄严宣告：“只要我不死，仍要回到八路军中去！”后来，被秘密杀害于济南。就义前，他大义凛然，无所畏惧，不断地高呼：“打倒日本法西斯军阀！”

1944 年 8 月 25 日，中共山东分局、八路军山东军区在赣榆“抗日山”召开追悼抗日阵亡将士大会。会上，山东军区政治部主任萧华向今野博致哀，代表中国人民给予今野博极高的评价：“今野博同志与中国人民的胜利同在，与中国的高山流水同在！”

今野博纪念碑

反战同盟山东支部编演了歌颂今野博的话剧《我们在一起》，再现了今野博的感人事迹。之后，滨海军民在苏鲁交界的榆县“抗日山”陵园为他建立了一座巨大的手榴弹形纪念碑。碑上书“日本国际友人金野博同志纪念碑”。

（本文选自《齐鲁晚报》）

难以驯服的日本战俘成了抗日的先锋

文/阮友直　肖春道　黄　梅

9月18日，是一页永远展开着的历史。

9月18日，是一页永远凝固着的历史。

9月18日，是一页记载着一个民族巨大苦难的历史。

七十五年前的9月18日，日本侵略军发动了震惊中外的九一八事变。恐怖的枪炮声、被野心涂红的血色残阳、灭绝人性的残暴……把屈辱和苦难带给了一个沉睡百年的民族，枪炮声也敲响了一个民族的自尊。腥风血雨中，无数仁人志士，为民族的生存和尊严而战……

七十五年后的9月18日，当我们仰望苍穹闪烁的星辰——那是无辜死难者和英勇抗敌的先烈们的不灭的灵魂——我们不能不为那些无辜的死难者和为民族解放英勇献身的先烈们默哀并祈祷：愿他们的灵魂安息！愿他们的民族复兴之梦，在我们手中得以实现！

原新四军联络部部长陈超凡的家里有几张珍藏了六十多年的“日本同志”的照片，其中一张合影背面还有二十四名“日本战俘”的亲笔签名……

日本人民解放联盟苏中支部（右一未戴帽子的为陈超凡）

在这些写有中文、日文、英文的相片背后，珍藏着一段神秘、壮烈的故事：在我们的抗日阵营里，有一支特殊的队伍——日军战俘，他们不但加入了新四军，在抗日战场上作战勇猛，还先后要求加入中国共产党。他们是如何反戈成为抗日斗士的？又是怎样成立“在华日人反战同盟”的？

陈超凡的回忆，他的儿子陈鲁生及省新四军研究会的党史专家等人的叙述，还原了日本上等兵松野觉的转化历程。通过这个精彩的缩影，还原这段很少被人提及、也不为人知的历史。

难以驯服的日俘

时间回溯到1941年12月8日。在苏中双灰山一带，日伪军被我新四军一师三旅八团打得四散奔逃。日军羽田队长受了重伤，上等兵松野觉扶着他躲进附近村庄的一间牛棚里，伺机逃命。

第二天，他们被我们的一个老乡发现了。一个日本兵背着一个人猛地朝外冲。战士“小癞子”抢上去把他们抱住，几个同志赶过来把受伤的队长抓住了。松野觉乘机咬了“小癞子”一口，拔腿就跑，并翻身朝河里滚。“小癞子”飞身把松野觉拉住，两人扭成一团。另一个同志过来帮忙，架住松野觉半拖半抬地拉他走。

这时，远处传来了日军的枪声，松野觉伸手抓住一个战士身上的手榴弹，差点拉开了弦线。十几名战士忙按着松野觉，把他结实地绑在一块门板上，然后抬着送到团部。

司令员亲自劝“俘”

时任新四军敌工部部长的陈超凡，端来一张小凳子，坐在松野觉对面，两肘支在膝盖上，眼睛不时警惕地瞟一下对方。这是松野觉被送到旅部后，陈部长和他的第三次“交锋”。

松野觉想：“长官说过，共产党抓到日本兵，是要挖眼睛、割鼻子、剥皮的。可是，对我倒是很文明。对了，是想从我这里骗出什么秘密，然后再杀掉我吧。死就死吧！长官说共产党都是文盲，而我亲眼看见的，好多人身上都挂着自来水钢笔，刚才同我谈话的那个姓宋的，还在日本留过学，现在对面这个姓陈的，对日本的历史很熟悉，长官说他们是乌合之众，这真是大大地轻敌。”

看着松野觉依旧不吃、不说，满是敌意，陈部长对松野觉说：“今天下午，我们司令员叫你一起吃饭。”同旅团长一样大的官一起吃饭，这是松野觉过去做梦都不敢想的事。

松野觉和三旅旅长陶勇坐在一块。“你们日本人喜欢吃鸡蛋吧！来，吃一点。”陶旅长和蔼地说。“刚来这里，有不习惯的，你提出来，我们可以考虑。”陶旅长又接着说。“旅长，”松野觉猛然站起来说，“我决不泄露我军秘密，你们从我口里不

会打听到什么的。”“哈哈，你只是一个士兵，能知道多少秘密？”“我对你们既然没用，要杀就杀吧！”“不对！”陶旅长严肃地对松野觉说，“我们对已经放下武器的敌人，决不伤害他的生命，也不侮辱他的人格。这是我们新四军的政策，你完全可以放心。”

这一次会见，松野觉的顽固思维开始出现了松动。

人和“鬼子”之争

1942年春，松野觉从三旅来到师部。这里有几个“日本同志”，他们解放过来已经有两三年时间，积极地参加了新四军的工作。才解放三个月的松野觉还是郁郁寡欢。有一次，几个日本同志开玩笑说他是日本“鬼子”，松野觉很不高兴地和他们争论：“不应该把日本军队叫成日本鬼子。”

“松野君，日本军队无恶不作还能算人吗？不叫鬼子叫什么？”佃田对松野觉说，他是新四军解放的第一个日本兵。“我们自己是日本人，不管怎样，要爱国，爱自己的军队。我认为不应该把自己的军队叫作鬼子。”松野觉还是不服输。

“我们要爱国，爱日本山河，但我们不能爱日本帝国主义！日军的大军阀对内镇压日本劳动人民，对外侵略别国。我们不能糊涂地爱啊！”佃田说。松野觉无言以对。

接着发生的一件事让松野觉很震动。有位叫山本的俘虏得了严重的传染病——日本痢，这种病人在日本军队没人肯去接近。然而新四军的陈部长亲自照料他，给他各种好吃的。当时这种病只有回日本才能治疗，于是新四军通过邮船把他送回日本。山本回去后，却被长官用火活活烧死。松野觉知道后，愤恨地说：“这种军队，不是人，是鬼子！”

不要补贴，只要军服

有一天，才发津贴，松野觉就跑来找陈部长，把一沓钞票放在桌上，高兴地说：“陈部长，我不要肉贴了！”那时，生活很困难，部队为了照顾日本同志，每人每月发给四五斤的“肉贴”。陈部长对松野觉说：“这肉贴是合法的享受，是领导的照顾，该享受的就享受吧！”

穿上新四军军服的松野觉

“不！”松野觉看见陈部长不收“肉贴”，马上收起笑容，“陈部长，我们不是信仰共产主义吗？我在新四军工作，是为了中国人民的解放，也是为了日本人民的解放，为什么还要特殊享受呢？我要同中国同志一样，我还要求正式参加新四军。”

之前的几个日本同志穿的是军服，松野觉一直穿着长衫，过去他一直认为无所谓，现在对此也感到不满了。根据他的进步和表现，组织批准他的要求，宣誓后，他加入了新四军，成为一名国际共产主义战士。

1942 年 5 月，日本人反战同盟成立苏中支部，松野觉当选为支部宣传委员。第二年，日本人民解放联盟苏中支部在苏北成立。那时正值浓霜覆地的时节，七个日本同志举起手庄严宣誓加入共产党，松野觉是参加宣誓者之一。这个两年前还是满脑子封建意识的日本武士，终于成为一个共产主义战士了。

战火纷飞中苦心劝说

1944 年，我军开始对日军展开军事攻势，日本同志配合我军积极展开战地政治攻势。

在一次战斗的空隙时间，松野觉摸到离敌据点五十米的铁丝网边，拿起喇叭大声地喊：“喂，战友们，我叫松野觉，日本广岛县人，我代表反战同盟和你们讲话，请不要开枪！”

“混蛋东西，你记得昨天是什么日子吗？”碉堡里一个粗嗓门的骂道。

“昨天是开国纪念日。”松野觉严肃地回答，“这是我国劳动人民创造的光荣历史，不是日本天皇和军队创造的。我正是为了保持这光荣，为了人民的幸福和欢乐，才来叫你们停止战争，反对祸国殃民的战争的。”

“你完全忘记了大和魂！”敌军抬出了大和魂。

“我没有忘记大和魂！”松野觉理直气壮地说，“你们看看，在你们的枪声下，有着你们父母妻子的眼泪和咒骂声，这是大和魂吗？你们的家人到底好过不好过呢？也同我的家人一样痛苦吧，这又是大和魂吗？”敌军没话说了，恼羞成怒，突然叭叭打了几枪。

“为什么要打枪？”子弹从松野觉身边飞过去，他仍旧沉着地喊，“你们要放弃武士道精神呀！我代表日本工农大众利益来同你们讲话，为什么要开枪？”松野觉冒着被击毙的危险，耐心地解释，“你们看看，国内一部分人不干活，天天享乐，大部分劳动人民成天辛苦劳动，反而吃不饱、穿不暖、没得住。天皇是什么，就是最大的地主嘛！”

敌人很沉默，不开枪，也不讲话。松野觉趁这机会，唱起一首《战争是痛苦的》的日本歌。唱完后，碉堡里传来了笑声和鼓掌声。

这场战斗中的劝说持续了两个多小时，直到下半夜三时，赵家舍被我们攻下来了。松野觉离开火线时，把一个大牌子插在日军据点前面，牌上大字写道："战友诸君：祝诸君健康回国！"

血洒车桥战役

车桥是日军的重要据点。当车桥战役打响时，松野觉拎着喇叭筒，低身飞快地跑着，赶到一个敌军碉堡前喊话。大风裹着黄沙，吹得满天昏黄。枪炮声响成一片，风大枪响，喊话很困难。松野觉扯着嗓子，拼命地喊，对面没有答话。天快亮了，枪声也稀了。松野觉抓住机会，又开始喊话。这时敌人可以清楚地听到他的喊声。他一喊，敌人就开枪。他喊："不要开枪，我代表日本工农大众来和你们说话。"敌人还是开枪。一连好几天，一喊话就开枪，喊话没法继续下去。战斗一度沉寂，又激烈起来。松野觉更没法喊话了。

松野觉非常恼火，从战士身上拿过一支枪，干脆参加战斗。他同陈部长各占一个枪洞口，瞄准敌人碉堡射击。松野觉的枪法很准，位置离敌人又近。他连续打中了两个敌人。第三枪没有打到敌人。他眉头一皱，用力推上了第四颗子弹。这时，碉堡里的敌人发现他了。松野觉的枪还没响，人朝后倒在地上，日军射来的一颗子弹，正好打中了他的头……松野觉就这样为了中国人民的解放事业，为日本士兵的觉醒，献出了年轻的生命。

（本文写于2006年9月19日，选自《海峡都市报》）